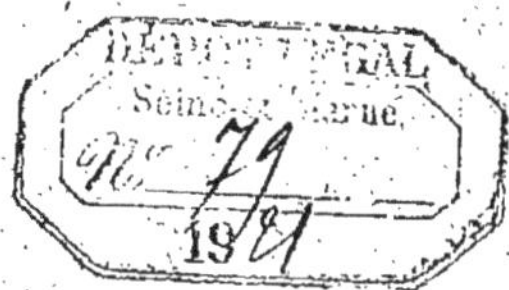

PAYSAGES D'ITALIE

III

DE TRENTE A TRIESTE

BIBLIOTHÈQUE DE GÉOGRAPHIE & VOYAGES

ANDRÉ MAUREL

PAYSAGES D'ITALIE

III

DE TRENTE A TRIESTE

LAC DE GARDE. — TRENTE. — BOLZANO. —
MERANO. — BRESSANONE. — LES DOLOMITES.
— PIEVE DI CADORE. — BELLUNE. — BASSANO.
— TRÉVISE. — UDINE. — CIVIDALE. —
GORIZIA. — AQUILEIA. — TRIESTE, ETC.

LIBRAIRIE HACHETTE

A HENRI DE RÉGNIER

CETTE TERRE FERME DE SA VENISE

A. M.

PAYSAGES D'ITALIE

DE TRENTE A TRIESTE

I

LYDIÆ LACUS NUDÆ

Riva.

Du haut des terrasses de Caprarola, devant le Soracte
cher à Apollon, et la plaine où dort Faléries et que
Rome limite, j'avais prononcé un triste et courageux
adieu. Les hommes sont vains de croire qu'ils peuvent
ainsi disposer d'eux-mêmes. La guerre européenne sur-
venue m'oblige à me démentir. M'oblige? non, me permet.
Je croyais rompre, joyeux je reviens sous le joug. Je suis
bien vieux pour planter-là une telle compagne de ma
vie.... Deux ou trois ans encore, je m'en offre le sursis,
puisque l'Italie aujourd'hui fixée dans ses limites naturelles, celles que la géographie et le sang des hommes
lui ont données, me dicte une tâche complémentaire :
Trente et Trieste enfin assises à la table de famille
offrent leurs régions à mes pas rajeunis. Comme restait
l'Italie sans ses chères exilées, mon œuvre privée de ces
deux couronnes ne demeurerait-elle pas incomplète à son

tour? Et puisque vingt années de studieux voyages n'ont pas épuisé ma soif de savoir et de connaître, je repars plein d'allégresse vers ces lieux résonnants et meurtris encore du canon qui les libéra. Deux fois, au cours de la guerre, je les parcourus ou en vis les abords du haut d'un observatoire d'artillerie. Mais je ne pensais guère à eux. Le destin du monde les dominait trop, dont ils dépendaient. Les blessures ouvertes encore à leur flanc ne font qu'engager à les aimer davantage. Tout nouveaux ils sont pour moi, même ceux que je visitai voici trois ou quatre années. Je viens et reviens, l'œil frais et l'âme chaude.

De Brescia, ce matin, je suis parti pour ce parcours aux pays *redenti*, et ma première halte, je l'ai choisie au bord du lac de Catulle, ce Benacus où Lydia se baignait nue, les jours, je suppose, où la tempête ne soulevait pas de vagues aussi hautes qu'en l'Océan, Virgile le prétend du moins. Riva, où j'arrive ce soir, était autrichienne en 1918 encore, en dépit de ses ancêtres, de Dante aussi et de Carducci qui, comme Virgile et Catulle, chantèrent Benacus devenu Garda, devenu le lac de Garde. Sous le signe de ces astres-là, Benacus pouvait-il rester germanique? Je le vois latin, et ce caractère qu'il prend il le dispense aussitôt à toute ma route. Tout à l'heure en franchissant la porte fortifiée de Ponte Caffaro où d'aimables soldats m'ont demandé ce que je venais faire par ici, j'ai regretté cette formalité qui différenciait encore trop des régions que rien ne sépare. La frontière, elle est là-haut, sur les cimes. Et ce sera l'étonnement de l'histoire que de constater qu'elle mit tant de temps à y remonter.

La douleur patriotique de Fiume contestée empêche les

Italiens de ressentir la grandeur de l'événement. Quatre
cents années durant, l'Italie végéta sous la domination
directe ou seconde de l'Empire. De 1859 à 1870 elle se
délivra de ce maître, mais elle sentait toujours peser sur
sa tête la menace d'un retour, sa tête d'autre part privée
de ses fleurons. On peut dire que depuis quatre cents ans
Charles-Quint se perpétuait en Italie, opprimant toute vie
intime et étrangère. Cette Triplice n'avait-elle pas pour
but, entre autres, de faire oublier la sujétion? Or, c'est
fini : 1918 a marqué l'effondrement définitif de Charles-
Quint. Entamée en 1859, l'œuvre mauvaise est détruite
soixante ans plus tard. Le Germain est rejeté dans ses vallées septentrionales; il ne peut plus, de ses fonds brumeux,
convoiter les terres du soleil. L'Italie gémissait et aspirait
sous l'œil soupçonneux; à l'abri de ses Alpes dont elle
occupe tous les sommets, c'est elle qui regarde à son tour
chez le voisin et le surveille. Durant la guerre, me trouvant aux Sette Comuni, non loin de ce Benacus au bord
duquel je songe à ce radieux retour, je disais que les soldats italiens se trouvaient en quelque sorte, dans la plaine
vicentine, comme au pied d'un mur sur la crête duquel
rôde l'ennemi. Ils devaient grimper à la manière des chats,
ou dresser leurs piques pour y recevoir et enfiler, ainsi
que firent ceux de Battipaglia, le lansquenet précipité.
La situation est retournée maintenant. Toutes les senti-
nelles du rempart sont italiennes; pas une pierre ne roule
que sous le pied latin, et ne tombe sur une autre tête
qu'allemande. Il n'y a pas en Europe et peut-être même
au monde de frontière plus belle. Notre France, après
tant de sacrifices et de gloire, en reste toujours à sa ficelle
tendue; elle ne touche même pas, si inférieur aux glaciers
qu'il soit, au Rhin qui la séparerait du danger. Nous

n'en exultons pas moins de notre Alsace-Lorraine récu-
pérée; notre victoire n'est pas diminuée dans nos cœurs
par notre insécurité ni par d'autres dénis. Est-ce pour
cela que je suis attiré vers ces régions libérées, pour
l'importance que leur attache mon âme patriote, et mon
regret d'une France encore inachevée? La géographie est
la grande loi des races et des peuples. La France n'y
obéit point encore, tandis qu'elle commande à l'Italie. Et
sur cette rive septentrionale du vieux Benacus, je peux
me tourner vers les quatre points cardinaux sans rien voir
qui offense la justice ni l'atlas. Le monte Baldo qui se
dresse à l'est et jette dans les eaux du lac des yeux enfin
confiants, le monte Baldo peut revivre les jours où ses
grottes abritèrent les noces du fleuve Sarca et de la
nymphe Garda. Sarca, depuis longtemps, était exilé, germain sur tout son cours. Redevenu entièrement latin, il
prête de nouveau l'oreille à Mento, fille de Térésias, qui,
du haut du Baldo, lui annonce encore une fois un autre
Mincius, père d'un nouveau Virgile. Est-ce de Fiume que
l'écho répond?... Quel poète doit naître demain pour
chanter l'événement formidable? Je veux en être, selon
mes moyens, le modeste témoin. De Trente à Trieste, je
vais parcourir les terres rédimées revenues au foyer
maternel, esclaves enfin délivrées et à jamais affranchies.
A leur occasion, j'en verrai d'autres aussi, la région tyrolienne annexée, d'abord, italienne désormais par la nécessité politique basée elle-même sur la loi géographique,
puis la grande province vénitienne que je négligeai
autrefois, et que je vis, au cours de la guerre, assez belle
pour me faire désirer, et assez parée de souffrances pour
m'imposer ce retour dans les douceurs et les labeurs de
la paix.

*
* *

Au sortir de Brescia la route contourne les Alpes bres-
cianes, rejoint bientôt le Chiese, émissaire du lac d'Idro,
et remonte vers le nord, tandis qu'un autre rameau sui-
vant le chemin de fer se dirige vers Desenzano, Peschiera
et Vérone. Tout voyageur de Venise connaît ce dernier
chemin, et Peschiera a réveillé chez lui le souvenir de
Bonaparte. Mais connaît-il Sermione? Catulle règne sans
conteste sur ce promontoire méridional projeté dans le lac
de Garde, et qui porte encore, à la place même, dit-on, où
naquit l'amant de Lydia, les restes d'un château des Scala
où Dante bâillait son exil avant d'en mourir à Ravenne.
Mais où Dante n'est-il pas allé? On l'a vu partout. Il n'est
pas un coin d'Italie où on ne l'ait fait passer. Partout il
rallie l'italianité autour de son génie, il la cristallise sur
son bâton d'errant.

Autour de Sermione le lac se déploie, relevant ses
rivages et ouvrant ses petits golfes aux soleils d'hiver,
aux brises d'été. L'azur des eaux emprisonnées est tendre
à l'extrême; un frémissement léger de la surface lui donne
une vie qu'animent les barques aux voiles pointues. Et les
villages de briller çà et là. Moniga qui s'honore de la villa
de Pompeo Molmenti, l'historien de Venise. En arrière,
Maguzzano qui occupe une place dans l'histoire littéraire,
puisque c'est là que, de 1521 à 1524, vécut Teofilo Folingo,
le macaronique Merlin Cocai. Une petite ferme, près de
Maguzzano, s'appelle encore la Maccarona. Est-ce la
ferme qui donna son nom aux *Maccaronées* ou celles-ci à
celle-là par hommage? Le couvent où écrivit ses poèmes
burlesques le frère Folingo est habité aujourd'hui par des

trappistes français qui l'ont relevé et purifié. Au loin, un autre couvent, celui de l'île de Garde, fondé par saint François, et plus tard asile de saint Bernard de Sienne, qui le fit agrandir et embellir. Désireux sans doute de rivaliser avec les Borromée d'Isola Bella, le duc Ferrari de Gênes acheta l'île de Garde, en 1870, et y bâtit un palais aujourd'hui propriété de sa fille, la princesse Scipion Borghese.

Ces vicissitudes particulières me ramènent, du haut de Sermione d'où j'embrasse les deux bords, aux vicissitudes générales du Benacus et du Garde. Deux rives, deux histoires. Aussi loin qu'on remonte on trouve sur la rive orientale des Venètes, des Étrusques sur l'occidentale. La dualité subsistera toujours, même après la conquête romaine. Les invasions des Goths, des Lombards et des Francs ne peuvent la supprimer. Au temps des évêques, au temps des podestats, au temps des seigneurs, les deux rives gardent leur personnalité bien distincte. L'est se donne au Scala? L'ouest, aussitôt, s'abandonne au Visconti. Les communes, pourtant, réussissent un instant, grâce aux excès des seigneurs, à s'unir, mais contre ceux-ci et non pas par amour! Venise croque l'huître des plaideurs. Elle prend Vérone et Brescia. Sous elle, le lac prospère, on y voit fleurir l'industrie de la laine, des peaux, du fer et du papier, celle-ci encore importante de nos jours. La ligue de Cambrai rétablit encore une fois la dualité. En 1517, le nord et l'occident restent à l'empire, tandis que Venise conserve l'orient. Deux cents ans passent, près de trois cents même, la division n'est même pas entamée par les victoires de Bonaparte sur le Mincio, émissaire du lac, puisque le traité de Campo-Formio livre la rive orientale à l'Autriche, s'il laisse l'occidentale à la République cisalpine. La vice-royauté d'Eugène refait encore une fois l'unité; unité que 1814 respecte, mais au bénéfice de l'Autriche. En 1848 les rives du Benacus retentissent du canon de Custozza. Mais voici Solferino. Est-ce la délivrance? Pas encore : Villafranca déçoit les plus justes espérances. Il faudra attendre Sadowa qui donnera les deux rives, avec la Vénétie, à l'Italie. La nymphe Garda, pourtant, restait séparée de son cher époux Sarca demeuré prisonnier à Riva. 1918 le lui a rendu. Sermione, la Sermione du poète regardé là-bas, à l'autre extrémité des eaux dansantes dans l'allégresse, regarde descendre vers les grottes du Baldo l'époux romain de la nymphe latine.

Car Riva, à l'embouchure du Sarca, fut romaine. On prétend que le château fort du xiie siècle fut construit sur les restes d'une citadelle romaine. La charmante Riva ne dut jamais être bien farouche. Le lac impartial la fit résignée, si son cœur fidèle continua d'espérer. Que pouvait-elle, d'ailleurs, sur sa rive septentrionale? La vallée du Sarca permet seule d'atteindre la ville; il faudra toute l'industrie moderne pour créer un autre chemin, et qui n'est praticable que grâce à la confiance que donne la paix.

Ce chemin, que j'ai suivi, j'ai voulu le quitter un instant pour voir si par Salò, Gardone et Gragnano, je ne pourrais longer la rive. Ces trois villes m'ont offert leurs parures de stations élégantes, stations d'hiver aussi douces et salutaires que leurs sœurs méditerranéennes; « Salò aux bras blancs » de Carducci; Gardone et Fasano sans histoire; Maderno très vieille au contraire, « le paradis du Benacus », où s'élevait un temple d'Apollon; Toscolano que les Romains fréquentaient, et qui a gardé un temple de Neptune changé en San Stefano. J'ai goûté ces grâces et ces souvenirs, mais les lauriers, gloire du Garda, m'ont barré tout chemin de leurs branches tordues, les lauriers et le roc rebelle au pic le plus insolent. Regagnant le Chiese, j'ai dû chercher plus loin la faille du rocher. C'est près de Storo, après avoir longé le joli lac d'Idro, et passé l'ancienne frontière à Ponte Caffaro, que je l'ai trouvée.

Ayant franchi le Chiese, la route monte, jusqu'à sept cents mètres, par un défilé où la main de l'homme a tant taillé qu'on se demande parfois si la gorge n'est pas son œuvre tout entière. Mais le lac de Ledro rassemble des eaux qui ont coulé au pied de deux murailles entre lesquelles les hommes se faufilent à leur tour. Imprévoyantes eaux! Elles se hâtent vers le soleil, sans regarder devant elles, et elles tombent en cascade dans le lac où elles s'abîment. La route prudente a évité la chute, et la voici qui ondule en balcon le long du rocher à pic, creusée à son flanc. Agrippée au mont Rocchetta, elle déroule son ruban, souple et tenace, tantôt suspendue, tantôt perçant le roc en tunnel, véritable corde aux reins de la montagne qu'elle ceinture et semble soutenir. A droite, le lac, moitié dans l'ombre, moitié inondé de soleil, offre les plus vibrants contrastes de lumière, et là-haut le Baldo dresse ses sommets où quelques neiges traînent encore.

La visite de Riva n'est point longue à accomplir. D'autant moins longue que les quelques monuments dont la petite ville s'enorgueillissait ont été saccagés par la guerre. Leur modestie eût dû les protéger, et la situation de la ville rendre toute violence superflue, la ville inaccessible sauf par le nord où l'Autriche veillait. Mais un beau matin un officier tchèque, appartenant à une unité alliée postée sur la montagne orientale, fut pris et pendu. Par représailles, Riva fut bombardée. Les palais à arcades et les églises ont trop souffert pour fixer aujourd'hui d'autre attention que de pitié. Ce sont de tous côtés murs écroulés ou pantelants. La vie a repris, pourtant. Des hôtels sont ouverts, flambant neufs. Les jardins se replantent, et des barques portant de jeunes et élégantes jeunes femmes voguent sur la baie tranquille. Riva reste ce qu'elle fut, asile de paix et de plaisir. J'ai tourné tout autour; vers Arco j'ai remonté le val Sarca; j'ai contourné le mont Brione vers Torbole, et j'ai grimpé vers le lac de Loppio pour apercevoir le val Lagarina où trône Rovereto. Et si, tout à l'heure, du balcon de la route, je constatais la modestie de Riva due à sa posture isolée, lorsque je vois Arco et passe du val Sarca dans le val Lagarina, j'en conçois les raisons les plus claires.

Riva, je l'ai vu, n'a de débouché terrestre que par le nord, et, ce nord, c'est Trente, la vieille ville latine, puissante mais elle-même domptée. Trente et ses tyrans pèsent sur Riva qu'ils atteignent par l'Adige et le Loppio, ou par le Sarca. Entre Arco et Riva, d'autre part, la plaine est assez belle et généreuse pour satisfaire aux deux petites cités que Trente, ses maîtres du moins, ne laissent jamais se développer plus que ne le permettent les ressources locales. Riva suit de tous temps le sort du Trentin, de Trente qui la protège et surtout la domine. Demain, je serai à Trente où j'essayerai de préciser un peu le problème enfin résolu en 1918. Ce soir, me promenant le long du lac, tandis que le soleil n'éclaire plus que les hautes cimes du Baldo et de l'Altissimo, le val Dritta et le Maggiore, j'en puis élucider du moins les données générales entrevues tout à l'heure, évidentes maintenant.

Depuis Drusus et Tibère le Trentin a fait partie de

l'Italie ; Auguste aurait pu dicter à ses fils la phrase
même d'Eugène à Napoléon en 1810 : « La seule limite
militaire à établir entre les possessions de Votre Majesté
vers ce côté, et celles de la Bavière, est la limite tracée
par la nature même sur les sommets des montagnes où se
séparent les eaux de la mer Noire et celles de l'Adriatique. » Je verrai, de Bolzano, la région du Tyrol que
cette limite annexe à l'Italie. Aujourd'hui le Trentin seul
m'occupe. Les empereurs romains en ont fait le boulevard des vallées tributaires du Pô. Des Gallo-Celtes sont
installés en avant-garde. Le Trentin pullule de châteaux
et de villes militaires. Il tient bon contre les Goths, les
Lombards, les Carolingiens et les Othons qui ne peuvent
le détacher. Les Germains passent, ils passent soixante-
douze fois, mais ne peuvent se fixer. Toujours la frontière
demeure sur « les sommets où les eaux se séparent ».

Il n'est rien comme d'être foulé pour acquérir un fort
sentiment national. Les empereurs doivent ruser. Les
citoyens s'étant groupés autour de l'évêque pour résister
mieux aux féodaux de l'empire, celui-ci, au lieu d'écraser
le Trentin, aime mieux gagner son évêque. Pendant des
siècles le Trentin vivra sous une juridiction épiscopale
que les ducs d'Autriche surveilleront. Mais le Trentin,
s'il obéit, n'oublie pas. Voudrait-il oublier qu'il ne le
pourrait. Rien n'est implacable comme la géographie. « Les
monts, les fleuves, les vallées, des pré-Alpes jusqu'au lac
de Garde, forment un vaste camp retranché dont la nature
a fait la clef du bassin du Pô ; le haut Adige coupe toutes
les communications entre l'ennemi et nous ;... c'est là
que se concentrent toutes les routes militaires conduisant par la vallée du Noce et celle du Tonale à Bergame
et à Milan, par le Sarca et le Chiese à Rocca d'Anfo, par

la rive gauche de l'Adige à Vérone, et par les sources
du Brenta à Bassano. » C'est Mazzini qui dit cela, et
il rédige ainsi politiquement la nécessité naturelle qui
a fait pousser dans l'âme trentine des fleurs italiques
exclusivement. Si Napoléon, dès que son génie se déploie,
a couru sus à l'Autriche aux champs de Rivoli, de Rovereto, de Bassano, n'est-ce donc que par un caprice de
guerrier? S'il a formé le département du haut Adige,
est-ce par avidité de conquérant? Il savait qu'il ne peut y
avoir de sécurité que si plaine et montagne sont détenues
par les mêmes mains. Lombardie et Vénétie ne peuvent
vivre en paix et se sentir délivrées de la menace gibeline
que si les sources des fleuves qui les arrosent leur appartiennent aussi. Un versant ne se partage pas. La géographie est toujours plus forte que la politique, parce que
l'âme des peuples suit le cours de ses fleuves, obéit, elle
aussi, aux lois physiques. Au point que l'Autriche elle-
même dut céder devant la nécessité géographique : les
princes-évêques servirent à abuser longtemps un peuple
résigné; Marie-Thérèse favorable à la culture italienne
le trompa encore plus : mais rien ne fait; au contraire.
Plus le temps et les eaux coulent, plus grandit la
conscience nationale. En 1848, hommage éclatant,
l'Autriche refuse la réunion du Trentin à la province
lombardo-vénitienne soumise au Habsbourg pourtant : il
semble que si Trente est unie elle sera absorbée aussitôt,
tellement la nécessité italique s'impose. Crispi, en 1889,
a beau condamner l'irrédentisme, l'année suivante le
Trentin refuse l'autonomie. En 1903, il la refuse encore;
il veut être Italien. L'inéluctable géographie brise tout
obstacle; il faudra céder enfin à sa plus forte loi.

Il n'y a pas, pour cet aperçu général, physique presque,

de lieu plus propice que l'aimable et pacifique Riva. Si celle-là, loin de tout, ne pouvant communiquer qu'avec le nord ennemi, si celle-là a tenu pourtant, quelle dut être la puissance du sang latin ! Et comment s'étonnerait-on que les vals d'Adige, d'Astico ou de Brenta éternellement foulés, disputés, écartelés, aient si fermement, implacablement lutté? Demain, je remonterai le cours entier du Sarca, puis, descendant le Nocé, je rejoindrai l'Adige pour arriver à Trente par le nord à la façon des conquérants.... Ce soir, au bord du lac solitaire aux rives escarpées, et dont les extrémités seules, celle du nord par le Sarca qui l'alimente, celle du sud par le Mincio où il se déverse, permettent l'approche, ce soir, revenu d'Arco et du Loppio, je vois la petite ville, toute meurtrie encore, sourire de bonheur. Les discours que l'on me tient sont vibrants d'amour. A Rome, à Florence, partout en Italie je n'entends depuis deux ans que paroles amères. La victoire, si belle pourtant, n'a éveillé que désillusion et rancœur. On dit que les Italiens veulent maintenant remplacer la villégiature helvétique d'autrefois par un séjour en ces régions « redente ». Qu'ils viennent en foule ! Ce n'est pas ici qu'ils entendront des plaintes. On ne pense pas, au pied du Roccheta, que la guerre a été perdue parce que Fiume ne figure pas encore à côté de Trente et de Trieste au livre des enfants prodigues. La joie de la victoire rayonne ici sans nuage. On est tout à l'ivresse de la patrie enfin gagnée. Riva, Arco qui devaient toute leur prospérité à l'Autriche, aux Autrichiens fortunés qui en avaient fait leur prédilection d'hiver et d'été, Riva et Arco vont peut-être perdre beaucoup au changement. Elles rient néanmoins de toute leur âme au jour nouveau qui ne paraîtra jamais sévère. Elles ont gagné

la guerre, elles! et on ne paie jamais trop cher ce
bonheur-là, le bonheur de redevenir latin. Là-bas, tout
là-bas au sud, Sermione tend la main de son promontoire
catullien, et je vois Lydia nager messagère vers le bord
fraternel, maîtresse enfin de toutes ses eaux où elle peut
plonger nue, selon le vœu de son amant, sans craindre
le regard salissant des barbares enfin chassés.

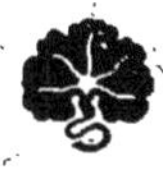

II

LA VILLE AUX VERGES D'OR

Trente.

Laissant la route facile qui remonte la vallée du Sarca,
j'ai pris, au cœur même du massif qui sépare le Sarca
du Chiese, celle de Ballino qui redescend sur le Sarca
lorsque celui-ci, se heurtant aux monts Brenta, les contourne de l'ouest à l'est, venant du nord où il prend sa
source, à Campiglio.

Les lacets au sortir de Riva sont ombragés d'oliviers,
bientôt de châtaigniers qui indiquent les moyennes altitudes. Le paysage, si tourmenté qu'il soit, ne laisse pas
d'être tendre, d'une verdure si fraîche en cette fin de mai,
alors que la neige couvre encore les sommets. Larges
oliveraies, longues châtaigneraies entourent petits lacs et
villages. Çà et là des prairies où paissent des troupeaux.
Des maisons surgissent au bord du chemin, maisons où
seul « le *si* résonne », où l'italien est la seule langue pra-
tiquée sur cette terre allemande, disait-on hier encore. A
Ponte delle Arche le Sarca est rejoint, et je le remonte
vers Tione, petit bourg florissant au confluent de deux

vallées, celle du Sarca et celle de Rendena. Au sortir de la gorge qui précède Tione, ce val s'élargit. De nombreux villages l'occupent et le cultivent. Il est riant et fertile, bien abrité sous des pointes dolomitiques, pour la première fois aperçues, avant-garde des célèbres Dolomites, et dont la plus haute cime est la Cima Brenta. Au couchant, le massif de l'Adamello dont les glaciers éternels laissent tomber doucement leurs contreforts et leurs assises d'où mille ruisseaux s'épandent pour fertiliser la vallée profonde et large, aux bouquets d'arbres rassemblant les moissons, abritant les bêtes à la pâture, tout frémissants d'une brise bienveillante.

A Pinzolo, le Sarca réunit ses deux rameaux. D'un côté il est descendu de l'Adamello par le val di Genova, de l'autre il a arrosé le val Nambino que domine Campiglio. J'ai gravi les rudes pentes de Campiglio, laissant le ruisseau perdu dans ses grottes natives; c'est qu'il faut passer maintenant dans l'autre vallée, descendre dans le val di Sole qui me conduira au val di Non, tous deux arrosés par le Noce, affluent de l'Adige en amont de Trente. Et c'est à Madonna di Campiglio que j'ai déjeuné. Couvent autrefois, hôtel aujourd'hui. Les Allemands ont semé les hôtels sur toutes ces montagnes; le Tyrol et le Trentin en pullulent, tous dans des sites solennels ou charmants, au sein des bois et près des cimes aux ascensions excitantes. Il n'est guère de cirque solitaire, tout planté de pins aigus, qui n'en porte. A Madonna di Campiglio, trois ou quatre occupent un hémicycle ceinturé de pins et regardant les gouffres du Sarca; un autre, considérable et bien achalandé, siège sur le haut plateau, à 1 500 mètres, d'où il domine les deux vals. Devant ce dernier, une sorte d'esplanade appelée camp de Charlemagne en sou-

venir, sans doute, des invasions germaniques dont tout
ce pays garde en mille légendes la mémoire. Pourquoi
faut-il que les récents ravages de la guerre soient venus
ajouter à la fable de tristes vérités? Je m'assieds devant
une ruine lamentable. Deux pavillons d'hôtel ont été
incendiés au moment de la retraite. Mais déjà, par les
fenêtres ouvertes des pavillons épargnés, j'aperçois les
fiaschi entassés, les lits que l'on monte, les tables qu'on
installe. Sur ces montagnes l'inquiétude est grande,
cependant, où une industrie considérable prospérait
depuis longtemps, à clientèle assurée. L'Italien viendra-
t-il assez nombreux pour remplacer l'Allemand, client
unique à peu près autrefois? Et lorsque je dis à l'hôte ce
que j'ai appris çà et là de la vogue qui se dessine en
Italie en faveur de ces pays nouveaux, une joie double
se manifeste, dont la partie la plus pure n'est pas la
moins vive.

A travers des bois épais, ayant quitté le plateau
suprême, la route descend rapide vers le val di Sole.
Après de nombreux virages aux profondeurs calamiteuses,
tout à coup le val se déploie grandiose. Il est d'une
noblesse de lignes imposante, les montagnes qui
l'entourent se développant amplement, s'élevant en pentes
douces, et verdoyant jusqu'aux sommets. Par plans
successifs, elles passent de douze cents à deux mille
quatre cents mètres, largement étagées face à la route
qui pique vers le Noce, tandis que sur la droite les altitudes de sept et huit cents mètres ne semblent plus que
des plaines dont l'herbe grasse accentue le doux aspect.
On dirait d'un tapis jeté du haut d'une tour et que l'on
soutient à ses bouts pour qu'il ne traîne pas à terre. Val
di Sole, le nom convient. La lumière ici triomphe éper-

dument. Les villages se détachent, semblent se porter
vers vous, à les toucher, Monclassico, Male, Bozzana,
tous à cheval sur le Noce mais appuyés aux hautes cimes,
tournés vers les molles pentes des monts Clès où les
herbages nourrissent leurs troupeaux sonnants. Pas
d'autre ombre que celle des mûriers et des oliviers dans
les fonds; la montagne est trop douce pour cacher la
lumière, renversée, semble-t-il, pour s'offrir aux baisers
du soleil. Tout est clair prodigieusement, et doux pourtant au regard qui se repose sur une verdure infinie. Dans
l'air transparent les sources brillent, les bêtes luisent, les
hommes se dressent majestueux et rayonnants. C'est la
grande fête de l'enivrante clarté, sous qui rien ne triche
et doit être bien sûr de sa beauté. Le val di Sole est sans
pudeur, et sa magnifique insolence n'est que confiance
en sa perfection.

J'aurais voulu prolonger l'altière vision; le val di Non
que suit le Noce, de Clès à l'Adige, ne peut l'effacer, si
généreux qu'il soit. Je le reverrai bientôt d'ailleurs,
lorsque je remonterai vers Bolzano. Ce soir Trente
m'appelle de ses voix séculaires, celles d'autrefois qui
implorent, celles d'aujourd'hui qui chantent, et mes
vingt années d'Italie leur répondent d'un cœur pareil.

*
* *

« Trente nous regarde de ses grands yeux italiens. »
C'est le cri d'Henri Heine. Tout voyageur le poussera dès
le premier contact. Descendant du nord, de Lavis,
j'aperçois Trente au bord de son Adige, étroitement
serrée entre ses monts qu'elle semble repousser pour se

faire sa place. De toutes parts elle se courbe sous cinq à six cents mètres de montagne qu'elle doit gravir si elle veut respirer ; le lit de l'Adige seul l'évente un peu. Claire, verdoyante, promenades et beaux jardins, elle prend quelque air de Bergame par exemple, sans ville haute toutefois, ouverte, animée, brûlante déjà en cette fin de mai, mais active néanmoins et si joyeuse de ne plus mentir enfin ! Aucun voyageur familier de l'Italie ne se sentira dépaysé ici. Il faut le savoir pour se dire que, il y a deux ans encore, un autre patronyme s'y portait.

À détailler, l'impression s'accentue. Monuments, maisons, mœurs, tout proclame l'Italie, Venise, Vérone et Milan tout à la fois. Et ce caractère principal s'affirme par les façades peintes des palais. Déjà, j'ai rencontré en Italie de ces façades, et l'amusement n'en est pas nouveau pour moi. A Gênes, à Florence, à Venise, à Pise, à Padoue, à Vérone surtout subsistent encore des restes de ces décorations si fragiles, même en cette sèche Italie. Nulle part elles ne sont aussi abondantes qu'ici. La via lunga est toute illuminée par la maison qui la regarde d'enfilade, bariolée de personnages du haut en bas. Le palais Gerenna nous retrace les passages triomphaux des empereurs, en particulier celui de Maximilien qui l'habita en 1508 et en 1509. Le palais Belenzano garde quelques traces encore, mais l'emporte ici le souvenir de Rodolfo Belenzano, l'un des martyrs de l'indépendance trentine au xve siècle. Sur le palais Rohr, autrefois del Monte, les fresques sont du xvie et représentent les travaux d'Hercule : un pinceau incontestablement vénitien les a jetées. Et le plus amusant de tous, sur la place du Dôme, le palais à arcades, à toit toscan, et aux murs arrondis sur lesquels cavalcadent de beaux chevaux blancs, et gesticulent éperdument des femmes ornées d'attributs. Le soleil joue sur ces palettes avec un plaisir extrême. La volupté de la couleur et de la lumière se goûte toute pure. Peu de sujet, si tout de même assez de formes pour délimiter les taches. Et rien que la caresse des tons accolés, harmonisés, contrastés, voire provocants. A tout prendre, n'est-ce pas cet art des façades peintes qui exprimerait le plus purement l'art de peindre, si celui-ci consiste avant tout dans la couleur?... Nul souci ne vous tourmente en dehors de celle-ci, de ses jeux seuls d'autant plus captivants qu'ils sont hardis et fous. Et n'étaient, tout de même, les formes nécessaires même à la couleur, on en arriverait vite au « tachisme » que l'on comprend, si ce n'est excuse, du moins.

La place du Dôme est italienne par ses pierres autant que par ses peintures. Au milieu, la charmante fontaine de Neptune un peu chargée peut-être, mais aux tritons soufflant si éperdument qu'ils font tout pardonner. A gauche le palais Pretorio avec sa tour qui rappelle si éloquemment nos plus familiers aspects de Toscane et d'Ombrie. Au fond enfin, le Dôme qui est bien le plus éloquent assemblage de l'art italien de tous les âges, qu'on puisse rencontrer. De là construction du XIe siècle et de celle du XIIe, il ne subsiste que des restes noyés dans les restaurations postérieures. Mais, à partir du XIVe siècle, tous les maîtres dont l'œuvre fait la gloire de villes italiennes se donnent rendez-vous à Trente : Adamo d'Arogno qui a élevé le dôme de Côme, Anselmo de Campione auteur du dôme de Modène, Antelami de Gênes, Zanibono de Bissone de Parme signent chacun à leur tour la galerie extérieure à colonnes jumelées, les fenêtres ou roses, les lions du porche, qui sont familiers à toute la

Lombardie ; celle-ci, d'ailleurs, domine par la disposition
générale de basilique à piliers du modèle dit lombard.
La coupole enfin, élevée sous Clesio, date du grand
siècle des coupoles, le XVIᵉ, lorsqu'elles poussent, en
Italie, comme champignons dans la prairie.

Au sortir du Dôme, Clesio, le grand évêque de Trente,
me mène avec lui à sa résidence, le château de Buonconsiglio, citadelle, palais, caserne autrichienne, musée italique demain, et toujours, dans le passé et dans l'avenir,
la gloire de Trente dont il résume et contient toute la vie.
Au bout de la ville, sur une petite éminence dernier sursaut de la montagne qui surplombe, il étend des murs
bas que flanquent des tours basses aussi. Ces murs portent une esplanade où les palais sont bâtis, l'un d'eux
lançant vers le ciel un épais donjon. Visiblement, il y eut
ici, au début, une forteresse et rien qu'elle ; les temps
féodaux l'exigeaient. A mesure que les princes-évêques
perdent de leur caractère militaire primitif, le château
s'humanise aussi. S'il conserve son allure de forteresse,
entouré de murs, pont-levis pour l'accès, les cours se
garnissent de loggie, les arcades se développent et se
superposent à arc aigu au rang inférieur, et plein à l'étage
supérieur. Bernard Clesio va donner au château son
aspect définitif. Il appelle Gaudenzio de Madruzzo, puis
Crivelli, et leur demande quelque chose « d'aussi beau
qu'à Mantoue et qu'à Ferrare ». Dans ce château,
Charles-Quint, en 1530, après son couronnement à
Bologne, daigne descendre. Un an après, le château
brûle. Clesio le rebâtit aussitôt, et convoque les plus
célèbres peintres pour le décorer, Dosso Dossi, Romanino,
Alessio Longhi, Girolamo da Carpi. Pour ses apparte-
ments, Clesio fait venir des tapisseries de Flandre aujour-

d'hui au musée de la ville, et fait peindre les mois par un peintre de Vérone, et par Fogolino la série des évêques de Trente, réunis autour de Charlemagne accordant le pouvoir temporel aux évêques. Aussi beau qu'à Ferrare et même qu'à Mantoue, non; quelque chose cependant d'agréable, d'assez noble pourtant.

Qu'était donc ce Clesio prince-évêque, et qu'étaient au juste ses successeurs et ses émules voisins que nous verrons bientôt à Udine, à Cividale et à Aquileia? Ce qu'ils étaient, Pavie et Plaisance nous l'ont déjà dit en partie, ce qu'ils étaient aussi dans la Milan des Visconti. Mais Pavie et Plaisance épiscopales n'ont pas duré; Hildebrand brisera les évêques frondeurs, et c'est toute la querelle des investitures. Mais Trente est loin de Rome, elle est surtout près de l'empire qui a intérêt à ces pouvoirs ecclésiastiques rivaux de la papauté. Il faut à tout prix garder libre le passage de la Germanie vers Rome : l'évêque prendra toutes les apparences de l'indépendance, surtout contre le pape, et l'empereur se l'attachera par les bienfaits et les intérêts les plus étroits. Ne pouvant ni ne voulant violenter les Trentins dont il a besoin, l'empereur s'arrange avec l'évêque qu'il rend puissant et soutient contre le pape impatient de ces grands seigneurs mi-prêtres, mi-soldats qui lui échappent grâce à leur éloignement et à leur force, et qui font, en plus, souche comme Héribert.

Car si l'empereur s'accommode de cet évêque-prince, il ne l'a pas créé. Il l'a trouvé tout fait. D'où venait-il? Le pouvoir des évêques est issu de la conquête franque, de l'instauration de la papauté au rang de puissance séculière, par Pépin et Charlemagne. Les évêchés se sont modelés à l'image de Rome; ils se sont faits seigneurs féodaux, le pape n'étant, à tout prendre, qu'un féal de l'empereur. Mais qui a donné le fief à l'évêque? Le pape ne possède pas assez encore pour donner quelque chose. C'est l'empereur qui a donné pour qu'on lui rende en autre monnaie. Et l'évêché de devenir un apanage. L'évêque lève des troupes. Il procrée; ses filles sont très recherchées.

Cette puissance épiscopale s'appuie bientôt sur le sentiment populaire qui redoute toujours un maître étranger. On pousse l'évêque, qui ne demande pas mieux, à l'émancipation. Et voilà la puissance épiscopale qui devient très particulariste, ni papale ni impériale, mais citoyenne. Naturellement elle va trop loin et trop vite. L'évêque se rend intolérable tout autant que le pape ou l'empereur. Et les villes de s'insurger contre lui, d'appeler à leur aide, selon leur situation géographique ou les origines de leur maître, le pape ou l'empereur. La faiblesse de Rome les encourage, la faiblesse, souvent, de l'empereur si loin d'elles, aussi. Mais décidément l'empereur paraît le plus fort contre des papes de onze ans comme Benoît IX, ou des femmes véritablement « papes » comme Théodora et Marozia que nous avons vues à Spolète et ailleurs; les villes se tournent toutes vers l'empereur qui consent à leur donner des évêques de son choix. Ces évêques ne sont pas meilleurs, hélas! que les précédents. Et ces villes de se retourner vers le pape : le cri des villes fera toute la force de Grégoire VI qui les soutient dans leur exigence de la libre élection de leurs évêques-princes. Les évêques féodaux résistent, bien entendu, et ils affirment aussitôt le droit de l'empereur à les nommer, à nommer le pape aussi. En effet, le pape inféodé à l'empire garantit leur pouvoir par le fait de sa simple sujétion. Le pape affranchi entraînerait la libre élection. La querelle des investitures est une querelle civique, d'indépendance municipale, de liberté nationale. Hildebrand n'a garde d'y contredire, jusqu'à ce qu'il soit pape du moins. Et sous les six ou sept papes qu'il fait nommer en attendant qu'il juge son heure arrivée, on voit le mouvement de libre élection se développer au point que, dans les fiefs pontificaux, il est aussi violent que dans les fiefs impériaux. Hildebrand a obligé les sept papes qu'il a faits à demander la ratification populaire. Trois d'entre eux ont voulu s'y soustraire; les deux premiers ont été empoisonnés, le troisième a été déposé. Hildebrand se décide alors : il devient Grégoire VII qui l'emporte définitivement au concile de Plaisance en 1095. La croisade va couper court à toute révolte, réconcilier tout le monde pour un temps. Les évêchés du nord de l'Italie, celui de Trente particulièrement, durent à leur situation géographique d'obtenir un traitement spécial et de durer davantage. Le pape était loin, l'empereur tout près. Ville et empereur avaient intérêt à se ménager mutuellement.

C'est Théodoric qui construisit les premiers murs de Trente. La vallée de l'Adige prenait déjà son importance primordiale de passage aux yeux des hordes septentrionales avides des richesses du midi. Théodoric savait-il que les Cimbres, en 101 avant J.-C., avaient descendu l'Adige? Mais Théodoric n'avait pas grand choix pour franchir. Rome en tout cas connaissait de longtemps l'importance du point stratégique de Trente sur l'Adige, à l'entrée du val Sugana ou Brenta. De Trente les armées peuvent déployer leurs bras pour y serrer la Vénétie tout entière, depuis Vérone jusqu'à Padoue. Rome disparue, Trente se donne tout de suite à un évêque, saint Vigile,

qui la convertit à la fin du ive siècle. Les Lombards
transforment l'évêché en duché, les Carolingiens en mar-
quisat, plus tard l'empereur en principauté, mais c'est
toujours un évêque qui règne. Trente offre toutefois cette
particularité que le gouvernement épiscopal est antérieur
à toute compétition politique italienne. Le caractère
laïque de cet évêché prédomine bien entendu, avec Vanga
notamment, qui passe ses jours en continuelle bataille.
Sous cette réserve, Trente reste épiscopale toujours, sauf
sous Frédéric II qui, pour faire pièce au pape, y envoie
un gouverneur laïque. Mais Trente le rejette violemment,
et il faut bien lui rendre ses évêques qui, d'ailleurs,
dépensent leur énergie à disputer leur pouvoir à l'empereur, à revendiquer tout au moins leurs privilèges. Toutes
les faveurs possibles, les empereurs les dispensent à
Trente; ils ont tant besoin du passage! Et c'est à qui des
Tyroliens, des Bohémiens, des Autrichiens fera aux Trentins le plus d'avances, jusqu'au jour où Clesio et Madruzzo
vont donner à l'épiscopat de Trente un éclat qui le pré-
servera de la ruine jusqu'en 1807, époque à laquelle
Trente fut définitivement soustraite à ses évêques et
annexée au Tyrol.

Les empereurs ayant trouvé à Trente une situation épiscopale de fait, ont donc préféré utiliser plutôt que briser,
et, avec Clesio et Madruzzo, la puissance apparente de
l'évêque de Trente s'amplifie, celle de Maximilien et de
Charles-Quint ne craignant rien des arts brillants ni des
mœurs fastueuses.

Bernardo Clesio était originaire du val di Non, où trois
évangélisateurs envoyés par saint Ambroise au temps de
Vigile, lui-même lapidé dans le val dit Rendena pour
avoir renversé une statue de Saturne, avaient été brûlés

par les païens. Son père, Italien, était petit seigneur du
lieu. Il eut Bernardo et six autres fils d'une femme allemande : les armes de Clesio se composeront plus tard de
sept verges d'or serrées par un lien sur lequel se lit le
mot : *Unitas.* Trente pourrait les reprendre aujourd'hui,
au lieu de l'aigle de Wenceslas. Le père de Bernardo
envoie celui-ci étudier à Vérone dont le gouverneur, qui
était l'évêque de Trente, le remarque et le charge d'admi-
nistrer son principat. Bernardo est adroit; il se fait bien
venir de tous, de Léon X comme de Maximilien. En
1514, il est nommé évêque de Trente. Il est âgé de
vingt-neuf ans.

M. Gino Fogolari, l'historien de Trente, parlant des
fêtes données à cette occasion leur trouve un parfum plus
allemand qu'italien : « un trionfo non alla Mantegna ma
alla Dürer ». Et il donne comme preuve l'un des princi-
paux divertissements. Une inondation simulée jeta la
panique parmi les convives, les hommes jouant du poing,
les femmes grimpant sur les tables jupes par-dessus tête,
tandis que, à la fenêtre, Clesio se tordait de rire. Si,
pourtant, nous nous souvenons des divertissements des
autres cours italiennes, même celle de Léon X, les
trouverons-nous d'un ordre plus relevé? C'est bien plus
tard encore que, à Frascati, le président de Brosses notera
les farces grossières laborieusement exécutées au moyen
de jeux d'eau.

Clesio, cependant, prend part aux querelles de l'Europe.
Il se déclare pour Charles-Quint contre le roi de France,
assiste aux diètes, intervient dans la lutte contre les
protestants, les Turcs, le pape et les seigneurs d'Italie.
Mis en goût, tout comme ses prédécesseurs des siècles
passés, il rêve l'indépendance complète, et, pour com-

mencer, il brave le Tyrol voisin, sourit à l'Italie, à Venise surtout. Entre temps, il s'occupe de sa ville épiscopale dont il est le Bramante et le Sixte-Quint. « Il la trouva de bois et de briques, et la laissa de pierre et de marbre. » En 1517 il entreprend la construction du château tel à peu près que nous le voyons aujourd'hui, et meurt en 1539, après avoir failli saisir la tiare que Farnese lui souffla. Dans son programme pontifical figurait le concile qu'il sera donné à Madruzzo de réunir.

Clesio avait contredit Luther à la diète d'Augsbourg ; Madruzzo projetait de le pulvériser dans cette Trente qui fut choisie comme siège du concile, à cause de la grande indépendance politique que Clesio lui avait donnée, à cause aussi de sa posture à mi-chemin de Rome et de l'Empire, qui lui valut sa gloire et ses malheurs.

Madruzzo, comme Clesio, appartenait à une famille noble du val di Non. Son père, d'abord soldat, devint magistrat sous Clesio. L'enfant est envoyé étudier à Bologne, revient à Trente où on le fait doyen du chapitre, et, à vingt-six ans, il succède à Clesio. Deux ans plus tard, la veille de l'ouverture du concile, il est promu cardinal. C'est lui qui va être chargé de pourvoir à la réception, à l'entretien et même aux divertissements si ce n'est aux travaux des membres de cette importante assemblée. Loger et nourrir tout ce monde n'est pas une petite affaire. Madruzzo traite avec les États voisins pour l'approvisionnement : Vérone fournira le poisson du lac de Garde. Il prie les nobles de la ville de se retirer à la campagne, afin de laisser leurs palais à la disposition des prélats. S'ils avaient pu supposer que le concile durerait près de vingt ans, ces personnages seraient-ils partis avec tant de bonne volonté? L'un de leurs palais, le mieux achalandé, était celui du Prato situé là où est installée la poste d'aujourd'hui; il a été détruit par un incendie, en 1845.

Étant donné un concile réuni pour examiner les concessions possibles à l'esprit nouveau, ramener dans l'Église un peu des mœurs simples, chastes et frugales dont l'abandon avait suscité Luther, il n'est pas sans saveur de constater comment l'hôte du concile comprenait cette réforme. Madruzzo se rend au-devant des prélats et des princes en pourpoint de soie et manteau de satin cramoisis, les manches ornées d'hermine et fourrées de zibeline; il est suivi par cent écuyers en livrée de soie rose. Sa table, chaque jour, est ouverte aux évêques, et les banquets quotidiens se prolongent jusqu'au soir. Des bals même sont organisés, et Madruzzo fait danser jusqu'à l'archevêque de Palerme. Rumeurs. Madruzzo déclare fièrement qu'il entend rester maître chez lui. Sans doute; mais ces éclats et ce ton tranchant pouvaient-ils donner confiance en ce concile? Et lorsque, certains jours d'été, on voyait de joyeuses et longues files de prélats qui allaient se divertir dans la montagne, pouvait-on croire au sérieux des belles résolutions prises la veille?

La petite église de Santa Maria Maggiore, salle de conférences plutôt, à une seule nef, abritait les réunions du concile, mais ne parvenait malheureusement pas à en cacher les violences, à en étouffer les disputes. J'y ai vu un tableau représentant les séances telles qu'on désira les faire passer à la postérité. Elles se déroulaient en réalité avec beaucoup moins de solennité. Un jour, l'évêque de la Cava, Giantomaso de San Felice, se jeta sur l'évêque

grec de Chéronée et lui arracha la barbe. Madruzzo lui-
même se mêlait aux querelles : il alla jusqu'à provoquer
le cardinal del Monte, le pape de demain. Pour le tirer de
peine, les médecins déclarèrent alors que Trente deve-
nait malsaine depuis tant de mois que les prélats, princes
et leurs suites l'encombraient. L'année 1550 fut employée
à la purification de la ville. Madruzzo s'en va bientôt à
Rome voter contre Del Monte qui est néanmoins élu, et,
pour faire peur sans doute, prend le nom de Jules III. Le
concile est dissous. Il ne sera repris qu'en 1555 sous le
successeur de Jules. Et il se traîne lamentablement, personne ne voulant sacrifier quoi que ce soit de ses privilèges, richesses, pouvoirs. Le concile de Trente ne connut
pas de nuit du 4 août. Chacun voulait bien réformer,
mais chez le voisin. Madruzzo, par exemple, accepterait
quelque diminution de l'autorité pontificale, mais il fait
nommer son neveu cardinal, à vingt-huit ans, et le charge
de recevoir ses hôtes à sa place. Le jeune cardinal
s'acquitte de sa fonction en véritable grand seigneur. Un
beau matin lui est annoncée l'arrivée du cardinal de Lorraine Charles de Guise, avec une suite d'une centaine de
personnes dont treize évêques, trois abbés et dix-huit théo-
logiens de Sorbonne. Charles brûle d'un zèle farouche. Il
fulmine contre l'état de décomposition de l'Église, proteste
contre la pluralité des bénéfices, et demande qu'on s'en-
tende — avec les protestants ! Le poignard de Blois lui
répond et le calme aussitôt : il n'y a désormais plus
papalin que lui et plus ami des Jésuites. La suspicion
n'en subsiste pas moins envers les Français. On appelle
communément Louis de Lansac, ambassadeur de France,
l'ambassadeur des huguenots. Il est vrai que, bien avant
Montalembert, Lansac demandait qu'on abattît « l'idole du

Vatican ». Et le comte de Luno, représentant de Philippe II, de se faire contre Lansac le champion de la papauté : et voilà qu'on parle de guerre entre la France et l'Espagne ! Il fallait en finir, si ce n'est aboutir. Le concile réuni pour réformer les mœurs de l'Église fut clos le 3 décembre 1563, après avoir renforcé l'autorité du pape sur les évêques, des évêques sur le clergé qui est proprement annihilé — les évêques, politiquement, encore plus.

Madruzzo tira du concile sa conséquence logique. Dans les conditions de soumission où allaient se trouver les évêques désormais, être évêque, même étant prince — mais prince sous le régime de Charles-Quint ne vaut guère mieux qu'évêque après le concile — être évêque n'offre plus d'agrément. Il abandonne son évêché à son neveu Louis. Avec lui, il emmène deux autres neveux pour les bien marier, et s'en va vivre à Rome et mourir à Tivoli en 1578, modèle du grand seigneur-prélat, l'un de ces évêques si nombreux alors qui n'ont de sacerdotal que la robe.

Le cardinal-neveu Louis Madruzzo goûtait peu, cependant, son état. A toute heure, tant les comtes de Tyrol le chicanaient, ce jeune homme aspirait au repos. Pour l'obtenir, il ne trouva rien de mieux que de céder son principat à son voisin tyrolien. C'est son peuple qui crie, alors. Et le voilà qui s'attire, en plus, l'inimitié impériale, — et celle du pape plein de grâces pour l'empereur, — parce qu'il ne se décide pas à violenter ses sujets récalcitrant au Tyrolien. Louis trouve tout cela trop compliqué ; il passe la main à son neveu Carlo qui est fait aussitôt cardinal. Carlo appelle les Jésuites qui accourent. C'est de leurs rangs que sortira un jour cet illustre enfant de Trente, le père Pozzo qui créa le style architectural dit style jésuite, basé sur le principe : pour être bon architecle, il faut être bon peintre et bon perspectiviste, qui a mené loin son auteur et l'architecture avec lui.

En 1629, nous trouvons un autre neveu, Charles-Emmanuel : le concile de Trente était loin ! Charles-Emmanuel, du moins, ne trompait pas son monde. Il n'avait cessé de protester contre la violence que son oncle Carlo lui avait faite en lui imposant les ordres. N'émouvant personne, sauf la reine et le roi de Hongrie qui n'y pouvaient rien, il prend son parti et s'affiche avec Claudia Porticella qui lui donne des enfants aux cheveux rouges, aux oreilles pointues et au long nez. Trente végète sous ces princes dégoûtés, et le Tyrol en profite, aidé par ses comtes. S'indique, dès ce moment, la politique qui sera plus tard adoptée par l'Autriche, et qui n'est, à tout prendre, que celle suivie dès le début lorsque les empereurs, au lieu de briser la résistance des Trentins, rusent avec elle, au lieu de chasser les évêques les dominent. Le commerce se ralentit, la soie, grande ressource de la région, est négligée. Trente est peu à peu annihilée, et Bolzano, la Bötzen tyrolienne, grandit d'autant.

Un certain essor artistique dissimule pourtant la décadence. Alberti du val di Fiemme fonde à la fin du XVII⁰ siècle une école d'artistes qui répandent leurs œuvres, tableaux, chaires, plafonds dans les diverses églises de la ville. On appelle les peintres des voisines Vérone et Venise. Les Lampi, bons portraitistes, sont recherchés par toutes les cours. Trente enfin, revendique la gloire d'avoir donné le jour au père de Francesco Guardi ; Vittoria, le grand architecte et sculpteur vénitien, né à Trente, leur avait à tous indiqué le chemin.

Le principat épiscopal aboutissait à la ruine économique du Trentin : les Allemands qui avaient protégé

pour mieux absorber gagnaient la partie. Napoléon fait
bien de Trente la préfecture du Haut-Adige; le régime
dure trois ans. En 1814 l'Autriche établit officiellement
ce qui existait depuis longtemps en fait : elle réunit le
Trentin au Tyrol.

Plus j'étudie les vicissitudes des peuples, la continuité
de leurs aspirations et le triomphe de leur volonté, si
obscure souvent qu'elle soit à eux-mêmes, plus je me
persuade de ce que je formulais à Riva : la nécessité de
dresser à côté de la théorie du milieu pour les individus,
la théorie, sa filiale d'ailleurs, de la géographie pour les
peuples. Ce Trentin, nous venons de le voir, à travers les
siècles, de plus en plus attiré, convoité par l'Allemagne,
englouti par elle enfin. Où est l'Italie? — Ici! En 1889
l'Autriche élève à Bolzano (Bötzen) la statue de Walter
von der Vogelweide. Et pour que personne n'en ignore,
elle ajoute : « afin que ce monument offre une ferme barrière contre l'italianisme qui menace de submerger la
fidèle Marche du midi; et pour qu'il crie impérieusement
au vieil ennemi des mœurs allemandes, de la conception
allemande, de la liberté et du développement de la puissance allemande : jusqu'ici, mais pas plus loin! » Quelle
détresse dans ce cri peu rassuré, après tant de siècles de
maîtrise! Des soldats italiens se promènent aujourd'hui
à Bolzano autour du monument du doux chantre des
oiseaux. Ils voient aussi dans le jardin public de Trente
la statue de Dante, élevée en réplique à l'autre, et
au pied de laquelle je lisais tout à l'heure la forte et si
pleine inscription : « Inclinons-nous, Italiens; incli-

nez-vous, Étrangers — et relevons-nous frères par la justice. »

Du haut des murs du Buonconsiglio mes regards plongent dans les fossés du château. Trois tombes de marbre rouge portant un nom et une date proclament la justice enfin obtenue, mais non pas l'impossible fraternité. Ici furent pendus par les Autrichiens les trois derniers martyrs de Trente italienne malgré tout : Battisti, Chiesa et Filzi. Pris en 1916 dans les rangs italiens, ils furent exécutés comme traîtres. Il n'est guère de ville italienne, aujourd'hui, qui ne compte une rue Cesare Battisti. Député de Trente au Parlement de Vienne, Battisti, la guerre déclarée, s'enrôla dans l'armée italienne. Député protestataire, il conformait sa conduite à ses paroles. Et lorsqu'il marcha au supplice, il s'écria : « Il est bon que cet exemple vienne par moi ; il n'en sera que plus effectif. » En Battisti se résume toute l'âme trentine depuis ses premiers évêques jusqu'à nos jours. L'Empire n'a pu rester à Trente que par suite, d'abord, des dissensions et de la faiblesse de l'Italie, par suite aussi de sa prudence et de sa tolérance. Trente à peu près libre si ce n'est autonome ne voyait pas la possibilité d'une union solide avec ses frères du sud. Piémont, Lombardie, Vénétie, où frapper? Et l'instabilité de ces états la rendait prudente, elle constamment foulée par les hordes passantes.... Trente garde l'attitude prise par tant d'autres, moins menacées pourtant, Milan elle-même, et qui plient. Vient le jour de l'unité. Trente veut en être aussitôt; c'est méconnaître son sang, ses besoins, les lois les plus naturelles que de l'en exclure. Indépendante dans une Italie divisée, Trente vit sa vie; voyant enfin une Italie libre et une, elle veut s'y fondre. La géographie lui a créé une

âme italienne, la géographie qui fait la race aussi. Depuis
1866 jusqu'à nos jours, la lutte n'a pas cessé un seul jour,
de plus en plus âpre et serrée. Le monument de 1889, à
Bolzano, pousse le cri désespéré de l'Autriche affolée. Il
faut à tout prix garder cette porte sur le Milanais et la
Vénétie qu'on espère bien reprendre un jour. Et comme
chez tous ceux dont un crime trouble la raison, chaque
geste de l'Autriche pour assurer les chaînes ne fait qu'exas-
pérer la volonté de les rompre. Le ruban *Unitas* de Clesio
s'est enfin desserré, et les verges d'or sont prêtes à frapper
qui les maniait.

Deux méthodes s'offraient : celle des débuts, de la
flatterie et du bien-être; celle des derniers siècles, de la
répression et du dénûment. La seconde paraît la plus
facile — et l'on sait bien de reste que la première ne
réussit que faute de mieux dans une Italie en espoir seulement d'unité. On emploie donc la seconde. On rattache
le Trentin au Tyrol. Et c'est soumettre toute la vie trentine à celle du Tyrol allemand. Car les diètes provinciales
jouissent de pouvoirs étendus. Elles commandent aux
écoles, aux établissements de bienfaisance, aux routes,
aux chemins de fer locaux. Trente, à la diète d'Innspruck,
ne cesse de réclamer son indépendance. Elle essaie de
tout, refus de siéger, obstruction, refus de crédits :
six mois avant la guerre de 1915, tous les Italiens, conservateurs comme socialistes, rejettent les crédits militaires. Ils sont punis aussitôt : toutes les faveurs gouver-
nementales vont au Tyrol, rien au Trentin. Pas de
chemins de fer, pas de routes. La police gouverne, comme
en Russie. Tout journal d'opposition est saisi. Les procès
sont innombrables. On ouvre partout des écoles allemandes où les fonctionnaires sont obligés d'envoyer leurs

enfants. A ceux qui ne dépendent pas du gouvernement on offre la gratuité, les livres et même les vêtements. Personne ne se laisse séduire, les enfants courent aux écoles italiennes. On attire les ouvriers en Allemagne. On crée des sociétés où ne se paie aucune cotisation; au contraire on reçoit de l'argent si on crie : Vive l'Autriche! Et ceux qui répugnent à s'enrôler dans ces sociétés à prétexte militaire, voient leurs champs foulés et leurs bois coupés sous couleur de stratégie.

La pression économique est aussi vive. Le capital allemand s'introduit partout, dans ce pays tenu en pauvreté. Certaines industries doivent obtenir une autorisation pour fonctionner; on devine à qui elle est donnée, aux Allemands qui appellent des ouvriers d'Allemagne; les Trentins sont obligés d'aller chercher du travail à l'étranger. Ce n'est pas tout. On finit par entrer en lutte contre la géographie, maîtresse des hommes et des choses. Tout, de Trente, regarde vers l'Italie, et coule vers elle. Il faut violenter la nature. Les chemins de fer doivent suivre les fleuves, toutes autres routes aussi descendre vers les plaines fertiles et peuplées; on s'y opposera. Les voies trentines remontent et ne descendent jamais. On permet de se rendre du Trentin en Allemagne, non pas en Italie. Le chemin de fer du val di Non ne conduit que vers Bolzano; on refuse le chemin de fer du val di Fiemme qui mène en Italie. Trente veut le construire à ses frais; on le lui défend. Les lignes téléphoniques du nord sont gratuites; défense d'en établir vers le sud.

Et Trente de vivre pauvrement, courbée sur son sol, alors que les richesses les plus grandes gisent sous terre. Du XIIe au XVIIe siècle, les mines y étaient si abondantes qu'on appela, un jour, le Trentin la Californie

d'Europe. Des milliers d'ouvriers y travaillaient. En
moins de dix ans, elles ont dû fermer. Les filatures de
soie de Rovereto étaient célèbres. Y affluaient les cocons
de Lombardie et de Vénétie. Ala comptait jusqu'à onze
fabriques. En 1866 la douane barre la vallée du Pô; les
cocons ne peuvent plus passer. Et les verreries, pape-
teries, tanneries, raffineries des vallées du Sarca, du
Chiese, du Brenta, de fermer aussi à leur tour. Jusqu'aux
produits du sol qui sont suspects. Défense au bétail de
passer en Italie, à la saison froide. Où donc trouver
le fourrage nécessaire? Résultat : en 1850 le Trentin
possédait 111 000 bêtes à cornes; en 1910 il en comptait 25 000. 48 p. 100 du territoire sont en forêts, mais
on défend l'exportation des bois, facile et peu coûteuse
en Italie. Le Trentin enfin peut fournir 250 000 HP de
houille blanche : on en capte le dixième pour les services
publics, le reste est perdu. C'est la mort lente mais sûre;
seule elle peut assurer à l'Autriche la tranquillité. Mais
on ne tue pas les âmes.

Inlassablement Trente lutte et proteste. Elle veille et
attend surtout. On dit que, du temps des Romains,
Trente, que baignait plus étroitement l'Adige passant là
où serpente aujourd'hui le petit canal qui traverse la
ville neuve et le jardin public, Trente avait la forme d'un
cœur. Les Autrichiens ont détourné le fleuve pour
dessécher le cœur. Mais il a continué de battre, cœur
romain, cœur italien, le cœur de Battisti et de ses amis.
Les efforts de dix siècles pour germaniser le Trentin sont
venus se briser contre la géographie qui a façonné les
âmes à son image. Trente au versant méridional des
Alpes fut toujours italienne et rien n'a pu la changer,
douceur ni violence. Depuis 1797 jusqu'à 1918, deux

mille cinq cents médailles ont été frappées, glorifiant
l'italianité du Trentin et de la Vénétie Julienne qui ne
voulaient rien entendre. Vous ne rendrez jamais semblables des peuples que les neiges séparent; toutes les
limites s'établiront toujours là où les eaux coulent
opposées. Trente rendue à son destin italien connaîtra
demain un essor magnifique. Le Trentin deviendra l'une
des régions industrielles les plus riches de l'Italie, grâce
à ses richesses naturelles et à l'allégresse laborieuse de
ses enfants rapatriés : les verges de Clesio redorées
cinglent maintenant l'intrus.

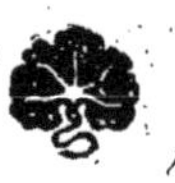

III

LA LEÇON DU CHAPEAU

Bolzano.

Dᴇ Trente à Bolzano la route directe suit le val d'Adige, tracée au pied de la montagne, 50 kilomètres sur la rive gauche du fleuve parmi la fraîcheur des prairies. C'est la grande voie des conquêtes — et du chemin de fer. J'ai préféré prendre de l'autre côté par le val di Non, et passer la haute montagne qui sépare le Noce de l'Adige. On monte de 600 mètres à 1 300 mètres, pour redescendre à Bolzano, à 300 mètres d'altitude. L'automobile est un instrument qui gâche bien souvent le plaisir. On se fie à sa rapidité. On lui demande trop. Et on voit mal, tout au moins insuffisamment. Les trajets de montagne me réconcilient cependant avec lui dont l'agrément serait d'en être maître, de l'arrêter à fantaisie si, justement, le programme tracé selon ses moyens ne s'opposait pas à la fantaisie.... Mais, sans lui, le détour que je viens de faire ne serait guère possible, du moins en un jour. Et peut-être le paysage serait-il bien lent à se dérouler? Ah! Que la vie est difficile!...

Est-ce à ce conflit en mon cœur que je dois de n'avoir pas été plus ému du val di Non, en le remontant, que je ne le fus en le descendant? Ou à trop de vitesse? ou au souvenir inoubliable du val di Sole? Je retrouve celui-ci dans toute sa force avec ravissement. La route l'abandonne bientôt pour gagner les hautes altitudes. Elle escalade les pentes occidentales du mont Osol, serpente bientôt sur les hauts plateaux où, à 1 000 mètres, le village de Fondo rassemble la vie des prés et des bois, et arrive bientôt au col pour redescendre sur le val d'Adige, sur Bolzano. Ce col c'est le fameux col de la Mendola, l'un des plus célèbres du Tyrol. On ne me le dirait pas que je le verrais bien aux hôtels qui l'occupent. Les 1 360 mètres de la Mendola jouissent d'une réputation légitime, un cirque de forêts les couronne, et lorsque, après les avoir quittées, on commence à descendre vers l'Adige le spectacle vaut toutes les peines. La route est tracée au flanc du rocher à pic, à ses dépens. Les dernières pointes du roc dominent à peine sur la gauche, tandis que, à droite, s'épandent les bois précipités jusque dans les fonds de la vallée. Caldaro, à mi-chemin, coupe heureusement la chute, Caldaro et son lac qui fait, d'ici, l'effet d'une coupe aux oiseaux, celle où Walter von der Vogelweide venait sans doute abreuver ses canaris. Au-dessous, la vallée se déploie du nord au sud, verdoyante et solennelle, qui dut apparaître aux Barbares ce que parut la plaine du Pô aux soldats de Bonaparte accourant pour Marengo. Leur cri d'admiration, je le pousse à mon tour devant cette amplitude luxuriante, dont la générosité semblerait devoir éternellement arrêter toute horde, protéger Trente par sa douceur et sa beauté. Les spectacles de la nature en magnificence ne sont-ils pas attendrissants? L'homme, en leur présence, sent disparaître toute passion mauvaise : il aspire à jouir, uniquement. Vivre là ! est le souhait de tout passant transporté sur un sommet, et depuis longtemps, depuis Jésus, dit l'Évangile. On voudrait de nouveau dresser des tentes, dont une pour Moïse, une pour Élie, mais sans s'oublier cette fois. On en aurait pris quatre, voilà tout.

A travers les bois, je suis descendu par la route bien douce dont les virages imposent une heureuse lente allure. Par moments j'ai la sensation d'une allée de parc sous ces futaies, sur ce caillou strictement roulé et aplani. Des échappées adroites jettent Caldáro et les monts opposés dans une saisissante lumière. Et bientôt voici San Michele Eppan, village pittoresque où les noms allemands apparaissent sur les enseignes, et, l'Adige passé, me voici à Bolzano, au cœur même du Tyrol méridional, sur le versant italien de ce Tyrol que le traité de Saint-Germain a attribué à l'Italie.

Au confluent de l'Isarco et de la Talfer, à quelques centaines de mètres de l'Adige, Bolzano est toute environnée de montagnes qui la serrent étroitement, sauf du côté de l'Adige qui coule assez loin, toutefois, pour qu'on n'en voie pas la vallée. La beauté naturelle de Bolzano est dans ses montagnes aux innombrables aspects, que l'on monte le Virgl à gauche de l'Isarco, le Ritten qui surplombe les deux rivières, qu'on suive la Talfer pour visiter les châteaux ruinés qui s'accrochent aux pentes, ou que l'on coure aux Dolomites dont quelques pointes, le Rosengarten, s'aperçoivent déjà. Elle est aussi dans sa posture au bord des deux cours d'eau, ses promenades infinies où l'on marche au bruit des cailloux submergés, ses jardins ouverts au soleil nourrissant. Ville toute chantante de ses eaux, et ouvrant ses fenêtres sur les harmonies des monts où passent les ombres des nuages, demeurent les noirceurs des bois, s'éternisent les rochers dénudés et calamiteux; ville riant à la verdure, aux torrents, aux croupes et aux vallons.

Mais que vais-je m'attarder aux entours, quand la ville elle-même m'attend? En un instant elle m'a séduit. La charmante et délicieuse cité, si gaillarde et bon enfant! Oh! je vois bien, tout de suite, de quoi il retourne. Et je l'avouerai sans gêne, parce que j'imagine qu'il en sera ainsi de chacun, de mes amis d'Italie surtout, venus, comme moi, des rives du Pô, du Tibre ou de l'Arno. Voilà six années, les années de la guerre, que l'Italie seule a été ouverte à mes pas, offrant partout un aspect non point pareil mais fraternel. Le même air se respire à Pérouse comme à Bergame, à Trévise comme à Parme, en dépit des nuances. Il n'y pas de contraste. Or ce que je trouve au premier regard jeté sur Bolzano, ce que tous les voyageurs et particulièrement les Italiens y trouveront, c'est ce contraste lui-même. Et mon plaisir est sans second de rencontrer cette nouveauté, d'être transporté en quelques heures parmi des lieux qui n'offrent rien qui paraisse posséder une analogie avec ceux quittés et, depuis longtemps, vus exclusivement.

Bolzano n'accuse donc, lorsqu'on l'aborde et la regarde superficiellement, aucun caractère italien. Est-il allemand, ce caractère? Il le semblerait. Nuremberg, Heidelberg sautent à la mémoire devant ces maisons aux fenêtres étroites, garnies de grilles scellées; les pignons, les toits, les balcons, tout semble rappeler la vieille Allemagne dont nous avons connu la bonhomie et l'intimité disparues. Le Dôme est gothique, sa flèche ajourée de ce style aussi. Walter von der Vogelweide, au milieu de la place, n'éveille que les mélancoliques souvenirs d'une Allemagne qui promettait tant, non pervertie par la Prusse. Et les enseignes comme les passants parlent une langue qui, sans être tout à fait celle de Gœthe, est encore moins celle de Dante ou de Carducci. Et cependant on devine quelque chose qui n'est « pas ça ». On regarde attentivement, et aussitôt la même différence que l'on trouve dans la langue se rencontre dans les monuments et les rues. Cette langue, c'est l'idiome tyrolien où l'italien a sa petite part aussi; l'architecture septentrionale accuse fortement le voisinage méridional. Plusieurs rues alignent deux rangs d'arcades sous les fenêtres renflées, de grillages ouvragés. Le toit de la cathédrale gothique est de tuiles vernissées. Certaines maisons sont couvertes de peintures comme à Trente, si amusantes de bariolages sous le pignon pointu. Et puis ce je ne sais quoi, bien difficile à définir, mais où se reconnaît la race, le sang. Bolzano affiche incontestablement un art septentrional, mais un septentrional plus fin, plus subtil et, dirai-je plus distant que celui évoqué habituellement par le mot : bonhomie, la bonhomie un peu grosse, l'intimité, mais lâchée, *gaemutlich* comme ils disent. Beaucoup plus de tenue, ici, sans aucune épaisse familiarité. Une *gaemutlichkeit* de gens du monde bien élevés, réservés dans leur abandon de provinciaux, si vous voulez, mais de provinciaux qui s'habillent à Paris. Il y a de l'élégance dans cette rondeur, du raffinement presque. Complaisance et non servilité. Bolzano est descendue souvent à Trente, puis à Vérone, et les villes du Pô l'ont reçue. Elle en a rapporté le sens d'une beauté réservée, sévère même, et assez altière qui, mêlée à l'autre plus facile, exhale un parfum original, et donne à Bolzano sa senteur particulière. Ni allemande, ni italienne n'est Bolzano, mais strictement tyrolienne : et être soi, voilà encore ce qui vaut le mieux en ce monde. Le Tyrol n'a-t-il pas inventé un chapeau, après tout ?

Il suffirait de parcourir un instant le musée pour confirmer cette impression qui naît, après un instant de réflexion, si elle ne peut apparaître au premier coup d'œil. Ce musée a été disposé comme ceux de Bâle, de Nuremberg, de Salzbourg, de toute l'Allemagne à peu près, c'est-à-dire en reconstitutions. Ce sont des chambres, des salons, des salles comme on en voyait autrefois sous le toit des chaumières ou des « palais ». Et si l'on pense aux musées semblables de Bâle ou de Salzbourg, on saisit tout de suite la nuance. Nous sommes ici dans un milieu à affinités, certes, avec ceux-là, mais tout personnel. Les choses sont plus subtiles, les objets plus ouvragés, l'art familier en un mot beaucoup plus raffiné. Visiblement la race est plus élevée sur l'échelle ; elle a fréquenté les Latins autrement que pour les massacrer. Chez le Tyrolien aussi le conquérant a passé, il l'a foulé comme les autres. La politique des empereurs a fait le reste, d'autant plus facilement qu'elle n'a pas trouvé, comme à Trente, une civilisation en voie de s'affirmer, une organisation déjà développée. Les montagnards s'éduquent moins vite que les habitants des plaines. Rome tenait le Brennero, mais elle n'y montait pas souvent, autrement que par ses soldats. Et pourtant, le montagnard, maté par le Germain, n'en a pas moins gardé sa personnalité, et l'Italie lui a insufflé tout ce qu'elle pouvait de son idéal, beaucoup plus même qu'on ne l'espérait. Ces costumes tyroliens, par exemple, dans les

vitrines, j'y vois la coupe incontestablement septentrionale, mais j'y vois aussi les couleurs vives, les combinai-
sons audacieuses, les broderies et les velours, les rubans
et les colifichets qui sont venus tout droit des vallées
inférieures. Il y a là tout un côté fantaisiste et coquet qui
décèle une civilisation autre que l'apparente. Et telle
chambre, même du xviiie siècle, si elle rappelle quelque
chambre d'une autre contrée, sauf son poêle conditionné
par le climat, c'est la vôtre ou la mienne, je veux dire
celle qui nous vient de nos pères champenois ou briards.

Bolzano ne se détaille pas. Rien de prestigieux n'attire
que son charme général, cet aspect aimable, souriant,
joyeux, sans, tranchons le mot, sans la vulgarité qui se
sent à chaque pas, de l'autre côté de la montagne où l'on
est trop aimable, trop familier, trop complaisant, où
l'aisance est dégingandage, la courtoisie bassesse. Bolzano respire une grande dignité dans la bienveillance. On
dit, et je vais m'y arrêter dans un instant, les Tyroliens
assez préoccupés, et c'est légitime, de leur accommoda-
tion au régime nouveau. Il semble, à voir Bolzano, que
l'entente sera prompte et facile. Les esprits et les âmes
ont ce qui atténue et rend possible la vie commune, je
veux dire les bonnes et justes façons. Italie et Tyrol possèdent un fonds commun incontestable, une conception
semblable de la société, une dignité pareille, et cette
communauté délicate à exprimer mais patente dans tout
geste et toute parole, qui fait qu'on s'entend sans explica-
tion, qui accuse aussitôt la parenté, et appelle sur les
lèvres le sourire de qui comprend son voisin sans avoir
besoin même de le lui dire. Au restaurant où je viens de
dîner, mon italien a été bien reçu et saisi; autour de moi
on le parlait sans accent. Et lorsque je regardais le toit

de tuiles vernissées de la cathédrale, les petites coupoles
de certaines églises me semblaient venues de Naples
jusqu'ici ; tandis que le clocher gothique ne me disait
rien que je n'eusse vu à Vérone, surmontant la statue des
Scala couchés dans leur tombeau, ou mieux encore au
clair de lune de Milan. Si la plaisanterie était permise, je
dirais enfin : le chapeau tyrolien ressemble étrangement à celui de Fra Diavolo....

*
* *

Il y a bien des chances pour que, à cet esprit des
choses, corresponde l'âme des hommes. L'assimilation
ne pourra se faire que rapidement par un peuple déjà
familier aux pensées et usages de l'autre. Mais parler de
peuples et d'assimilation, c'est reconnaître la dualité. Et
se pose aussitôt le problème des nationalités, toujours et
encore si troublant, problème à deux tranchants, les Italiens sont les premiers à s'en apercevoir.

Ils ne cherchent pas à l'éluder, d'ailleurs. Sur deux
cent cinquante mille habitants que compte le Tyrol, le
Haut-Adige, pour lui donner son nom napoléonien et qui
paraît adopté, un quart au plus, disent-ils, sont Italiens
ou Ladini, c'est-à-dire « métis » avec prédominance italienne ; le parler *ladino* est un idiome italien.

Or ces Allemands qui forment la majorité du pays
peuvent se réclamer d'une longue occupation, de cette
occupation qui constitue, si ce n'est un droit, du moins
des droits et des présomptions. Les Trentins comparent
volontiers le Tyrol avec l'Alsace-Lorraine. Ils se trompent.
Notre Alsace était occupée par des Allemands depuis trop

peu de temps, cinquante ans, pour pouvoir être assimilée au Tyrol où l'Allemand est installé depuis un millier d'années. Et je ne crois pas que la Lorraine si purement française à tous points de vue puisse, un seul instant, faire songer à la région *ladina?* Et donc aucune comparaison n'est possible. Au surplus a-t-on d'autres raisons à faire valoir.

Deux cent mille Allemands, résidu des invasions du moyen âge, vivent depuis dix siècles, dans les vallées du Haut-Adige, voilà le fait. L'Italie a-t-elle de sérieux motifs pour vouloir le changer? Elle en a plusieurs excellents.

Le premier est de sécurité. Nous regrettons trop, en France, qu'il n'ait pas été possible de nous assurer la frontière du Rhin jusqu'à la Moselle, le surplus, jusqu'à la Hollande, étant attribué à la Belgique, pour ne pas admettre la légitimité de la protection naturelle des Alpes. Tant que le monde sera exposé aux convoitises, aux passions guerrières, aux jalousies nationales, le devoir de chaque État est de s'assurer une barrière infranchissable. Pour l'Italie, il n'en est qu'une : les Alpes. Porter la frontière italienne aux crêtes, ici au Brennero, la nécessité s'en impose. Nous avons vu ce qu'il a coûté à l'Italie de ne pas posséder cette barrière : Caporetto. Le désastre de Caporetto a été la conséquence logique de la possession du versant alpin méridional par l'ennemi. J'ai parcouru le front italien alors que nos alliés occupaient encore les rives de l'Isonzo et tenaient seulement les premières pentes du Trentin, en 1917, avant Caporetto. Mon étonnement fut grand de ne pas rencontrer au Comando supremo d'Udine le général Cadorna, et d'apprendre qu'il résidait à peu près constamment à Vicence où je le trouvai, quelques jours après. Et je constatai bientôt les soins apportés à cette partie septentrionale du front, beaucoup plus assidus que du côté oriental. Je compris le souci du général Cadorna. Ici, en Trentin, se trouvait le point faible de l'Italie. Là-bas, en Vénétie, on avait du champ. Un recul, même considérable, ne compromettait rien du résultat final. Caporetto l'a prouvé. La moindre avance ennemie, au contraire, sur le front alpestre, aurait entraîné l'irrémédiable défaite. Une simple poussée jetait aux mains autrichiennes la Vénétie et la Lombardie prises à revers. Si, se précipitant du haut du mur que sont les montagnes, les Allemands bousculaient les Italiens campés au bas, le Vicentin, le Véronais tombaient, et c'était la retraite générale, la Vénétie abandonnée du même coup, au delà des Apennins. Cadorna le savait bien, et, négligeant quelque peu l'orient, il donna tous ses soins au nord. Ce nord l'hypnotisait avec raison, la moindre fissure de ce côté causant l'écroulement général. La frontière trentine fut organisée formidablement. Elle tint, et ce fut le Grappa de Bassano qui sauva l'Italie, s'opposant à la descente qui aurait pris à dos les troupes arrêtées au Piave. L'Italie a le droit absolu de ne pas courir encore une fois cette chance. Pour l'éviter, il n'est qu'un moyen, porter la frontière aux crêtes, à la Vetta d'Italia. Des deux côtés les pentes à chaque peuple, la crête servant de frontière. Il y a égalité ; à chacun de se préserver. Cette justice fait sans doute tomber quelques villes et villages en des mains étrangères. La conséquence, si regrettable qu'elle soit, ne peut être mise en balance avec le danger permanent. Depuis des siècles, l'Italie a été la proie des Barbares qui l'ont dépecée, saignée à blanc, parce qu'ils tenaient les cols et les monts méridionaux. Rome s'était installée au Brennero; tant qu'elle y resta, elle n'eût rien à redouter. La vie de l'Italie dépend des cols. Elle doit pouvoir les surveiller et en tenir l'une des deux clefs. La vie de toute une nation demande le sacrifice de quelques milliers d'habitants — le sacrifice sentimental surtout et d'ailleurs, qui ne peut entrer en ligne de compte avec l'autre qui est purement et simplement celui de la vie. M. Wilson lui-même l'a compris, et l'annexion du Tyrol n'a même pas été discutée.

Ce problème militaire se relie étroitement au problème géographique que nous étudiions à Riva et à Trente. On peut affirmer légitimement que tous ceux qui vivent sous un même régime des eaux sont un même peuple. Et si l'on prétend invoquer les alluvions germaniques du Moyen âge dans le Haut-Adige, pourquoi ne pas remonter plus haut encore? Les Romains avaient fixé au Brennero la borne de l'empire cisalpin. Tout, de la région du Tyrol méridional d'aujourd'hui, hommes et denrées, descend avec les rivières vers le Pô. En dépit des invasions résultant de la décadence romaine, la latinité persiste, et, lorsqu'elle disparaît, rien ne la remplace de longtemps. Les peuples laissés à eux-mêmes ne passent pas le Brennero. Les vallées se vident vers le sud. La frontière politique disparue, la frontière naturelle subsiste, qui rend étrangers les uns aux autres les eaux et les climats, et donc les hommes. Seule la politique, par les émigrations et les résidus des conquêtes, essaimera un peuple étranger sur la terre étrangère. Malgré cela les Latins tiennent bon. A Trente, ils finissent par s'imposer. En Tyrol, où la densité de la population est moindre, ils subsistent néanmoins; et ce sont les Ladini d'aujourd'hui. La latinité y est même plus stricte encore qu'on ne le croit. Même en val Venosta, en amont de Bolzano, la subsistance ladine est flagrante. Il n'y a guère que deux siècles que la germanisation y est devenue prépondérante. Et ce n'est qu'une germanisation, une transformation factice par conséquent. Elle est factice parce quelle ne repose sur aucune loi naturelle, parce qu'elle est le résultat des conquêtes, parce qu'elle impose au pays des mœurs et des maîtres qu'il ne se serait jamais donnés, s'il avait été livré à lui-même. L'immigration favorisée, la corruption des consciences et les faveurs octroyées ne peuvent constituer des titres légitimes.

Il ne faudrait pas, enfin, se tenir trop étroitement à ce nom : Tyrol qui crée une unité différente de l'unité qui vient de l'absorber. « Tyrol, dit M. Ettore Tolomei, l'un des apôtres de l'annexion, Tyrol n'est pas un nom régional; ce n'est pas un nom géographique ni ethnique : ce n'est qu'un nom politique, l'expression d'une forme politique artificielle.... Le Tyrol n'est qu'un nom qui finira en même temps que le phénomène politique auquel il correspond, comme ont fini les noms : Royaume des Deux-Siciles, Légations pontificales. » Et M. Ettore Tolomei s'adressant particulièrement aux Français nous met en garde contre la déformation que peuvent causer à notre jugement les souvenirs napoléoniens. Le soulèvement d'Andreas Hofer nous a abusés, et les exploits de nos armées. Si le Tyrol existait ethniquement il faudrait le maintenir, et l'Italie le réclamerait avec raison tout entier au nom de sa sécurité; nous la verrions s'étendre à Lienz, à Innthal, au Vorarlberg. Or, l'Italie se désintéresse de ces régions d'outre-monts. Elle ne veut que son droit qui est strict : militaire et géographique. Le Haut-Adige, et lui seulement. Les eaux de l'autre versant à qui voudra, Bavière comme sous Napoléon, Suisse comme les Tyroliens, en partie du moins, semblaient le désirer, ou Autriche comme en a décidé le traité de Saint-Germain. « L'Italie, conclut M. Tolomei, ne reconnaît que le Trentin et le Haut-Adige, les deux parties naturelles et historiques de la région cisalpine atesina. En réalité le nom de Tyrol n'appartient qu'à un château célèbre, qui se trouve dans le faubourg de Merano, dans la vallée de l'Adige. Le passé de ce château a une histoire sinistre. C'est l'histoire de la domination allemande, à laquelle le monde latin a opposé pendant des siècles le droit et les armes, avec des alternatives diverses. Mais aujourd'hui, à un siècle de distance, se renouvelle la gloire de Rivoli. Le département du Haut-Adige renaît dans la province de Trente. »

*
* *

Dans ces derniers mots réside tout le problème d'aujourd'hui, et là seulement. Il ne saurait déplaire aux Français de voir ressusciter la conception napoléonienne, et de l'entendre proclamée expression de la raison et de la justice. Mais la question n'est pas de notre agrément. Que l'absorption de l'ancien Tyrol méridional dans l'italianité soit facile, nul doute. A Bolzano même, le grand centre de la région, je viens d'en voir des témoignages flagrants et de bon augure. Ces pays sont intellectuellement et moralement plus qu'à moitié italiens. Je n'y ai rien trouvé qui me rappelât, de quelque manière que ce fût, les façons de penser et de se comporter des régions germaniques. Il semble qu'il en soit des âmes et des esprits comme du Tyrol géographique lui-même ; formation politique et non pas caractère naturel. J'en ai eu la preuve en courant, au hasard des rencontres. Et le sentiment général peut se résumer ainsi : « Avec les Italiens on s'entendra; ce qui nous inquiète, ce sont les Trentins. » Vieille querelle de voisins, souvenirs des luttes séculaires dont Trente nous a fourni les exemples. Les Tyroliens englobés dans le même régime administratif que les Trentins plus près du cœur de Rome, plus actifs, plus riches et plus nombreux, les Tyroliens citoyens d'une même province que les Trentins ont peur de devenir les victimes de ceux-ci. Faudrait-il donc alors ne pas suivre la voie napoléonienne, et constituer un Haut-Adige de la seule région annexée, à part du Trentin?

C'est là une question purement italienne où l'étranger ne peut intervenir que pour la poser. On me disait à Rome, l'autre jour, que le gouvernement était décidé à donner au Tyrol annexé une autonomie civile, à le séparer nettement du Trentin, et à préparer la fusion nécessaire et fatale en y préparant d'abord les générations. Lorsque je disais cela aux Tyroliens qui m'exprimaient leurs craintes, l'éclair de joie qui brillait dans leurs yeux me fixait aussitôt sur leurs sentiments. On est tout prêt ici à être Italien; on l'est moins à être Trentin. On considère cette unité administrative comme une sujétion. En 1864 Bolzano demanda à être détaché du Tyrol autrichien, et réunie à Venise. La leçon doit être écoutée. Bolzano se sentait italienne; mais Venise était politiquement autrichienne; et par ainsi restait sauvegardée la personnalité double du pays. Nombreux sont ici les villages où l'on parle les deux langues. Il n'y a pas si longtemps que, en présence de l'envahissement de l'art architectural allemand dont je viens de voir quelques hideux spécimens, les artistes régionaux formèrent à Bolzano, à Merano, à

Bressanone des sociétés de « protection » destinées à maintenir la tradition locale. De tout cela, on tiendra compte. Rien n'est plus facile, je le répète, que l'assimilation. Elle s'accomplira d'autant plus vite que l'on respectera la part originale du tempérament tyrolien. Et, s'il y a un fort courant de suspicion, si injuste qu'il soit, envers le voisin immédiat, ce n'est pas en le violentant qu'on l'apaisera.

J'ai constaté à Bolzano l'expression très nette d'une personnalité. L'Italie a donné à ce petit coin montagnard de la Cisalpine si longtemps germanique, un aspect original où se lit clairement l'éducation latine, mais qui laisse paraître la trace de l'éducation septentrionale. Le mélange est des plus rares et piquants. Qu'on ne fasse rien qui le trouble. Nous autres qui voyageons pour prendre de la diversité humaine la leçon profitable, qui aimons à travers les spectacles différents retrouver la grande unité de beauté, souhaitons que l'on respecte le spectacle de Bolzano. S'il est certain que, naturellement, ethniquement et même historiquement, le Tyrol n'existe pas, et n'est que politique, artistiquement d'autre part il a manifesté une originalité. Et lorsque l'art est personnel, l'âme l'est aussi. Nous souhaitons, dans notre égoïsme, peut-être, de voyageurs, qu'on permette à cette personnalité de s'épanouir jusqu'à ce qu'elle ait donné tous ses fruits, jusqu'à ce qu'elle demande elle-même à se fondre au sein maternel. Rome est adroite et pratique; elle le fut toujours. Elle fera son devoir avec habileté. Elle est aimable aussi : on l'aimera bientôt, on l'aime déjà. Elle sera patiente, et la récompense ne tardera pas à lui venir.

IV

LES DEUX SIGISMONDS

Merano.

L'ADIGE, qui coulait, depuis Glorenzo, de l'ouest à l'est, dans le val Venosta, vient se heurter aux Alpes de Sarentino, et prend la direction du sud vers Bolzano et le Trentin. Merano s'est bâtie à ce point, là où, aussi, la Passeria descendant du nord se jette dans l'Adige. Merano, c'est la Meran autrichienne, l'une des stations les plus achalandées de l'empire d'Autriche, le rendez-vous des élégances viennoises, station d'été et d'hiver pour l'aristocratie allemande, pour les oisifs, voire les snobs. Les villas archiducales y sont nombreuses, les hôtels somptueux pullulent; les spectacles et le jeu étaient célèbres en Europe et au delà. Si l'on ajoute à cela que, Bolzano détenant la situation commerciale la plus forte de tout le Tyrol méridional dont elle était la capitale d'affaires, Merano en fut de tout temps la capitale politique puisque les comtes de Tyrol y résidaient, on comprendra mon désir de voir cette Meran fameuse dans l'histoire et dans les mœurs. Venir ici, de Bolzano, constitue une promenade de trente kilomètres le long de l'Adige, dans la vallée largement étendue, où la route fraîche et sinueuse ourle la montagne.

Pour être située, comme Bolzano, sur un affluent de grand fleuve, tout près de leur jonction, Merano offre cependant un aspect beaucoup plus ouvert. Les montagnes la serrent de moins près; peut-être même ont-elles plus de douceur dans leurs pentes. La ville est plus champêtre aussi, si elle est moins pittoresque, mais en revanche plus élégante. Elle ajoute à son air riant, ouvert et franc, une distinction charmante, aux apprêts mondains de bon goût. Les fleurs abondent dans les jardins, les magasins sont disposés richement; les rues neuves ombragées de grands arbres touffus; et, le long de la Passeria, de magnifiques promenades que des peupliers aux branches étendues couvrent tout entières, offrent aux élégances leur passe-temps et leurs rencontres. Merano était et sera une ville d'eaux aimable, accueillante et gaie. Ce matin, le soleil l'inonde, un air frais descendu des monts l'évente doucement, et je m'y promène ravi sous le regard des châteaux disséminés sur les pentes qui la couronnent. Les larges peupliers projettent leur ombre jusque sur la rivière impétueuse dont le lit, trop grand pour ces beaux jours, prévoit les heures torrentueuses. Des jardins, çà et là, s'alignent en terrasses. Des parcs publics s'ouvrent discrets entre des maisons, se cachant, dirait-on, pour offrir leur asile aux intrigues ou aux amis du silence. Mais que viendraient faire ceux-ci, parmi tant de mondanités? Les rues de Merano et ses quais-promenades sont faits pour les toilettes qui, elles-mêmes, sont faites pour qu'on les regarde. La grande rue de Merano, l'Habsburgerstrasse, aux magasins artiste-

ment arrangés, ne se conçoit guère que frappée de talons
hauts ou de cannes baguées d'or. On la voit bien, cette
Meran, incessamment parcourue d'élégantes Viennoises
lui demandant quelque repos sans rien perdre de leur
coquetterie. Les chapeaux, garnis d'automne ou de
printemps, y déployaient sans danger leurs ailes. Les
jerseys de soie, abricot ou paon, y scintillaient à l'aise.
Et les hommes râblés ouvrant leur grand col jusqu'au
sternum semaient le trouble et la convoitise, tandis que
les outrageants maillots des officiers créaient une déplo-
rable confusion entre la valeur militaire et la pureté de
la forme : un beau soldat n'est pas toujours un soldat
invincible.

En ce printemps, Merano n'en est encore qu'au moment
de la toilette. Partout on astique pour la saison qui va
venir : on attend les clients nouveaux. Mais ce qui plaisait
aux Autrichiens plaira-t-il aux Italiens annoncés? Merano
est nerveuse un peu. Je le vois bien à la façon incertaine
dont me répond l'antiquaire à qui je demande le prix
d'une faïence. Visiblement cet honnête marchand veut
savoir avant tout à qui il a affaire. Mon italien correct le
laisse indécis sur ma nationalité. Et sa facilité à changer
son prix me convainc de son inquiétude. Il a l'air de me
demander mon passeport pour savoir quelle somme il
peut tirer de mon goût et de ma poche. Merano est une
agréable villégiature où je projette de revenir, au fort de
la saison, intriguer les commerçants.

J'ai abandonné ces indécis à leurs perplexités, et je suis
allé flâner dans la vieille ville, celle des comtes de Tyrol
avec qui Trente nous a déjà rendus assez familiers.
Qu'étaient ces princes secondaires, serviteurs de
l'empire? De bien petits princes, assurément, ne tirant

leur puissance que de leur maître. Si l'on veut se faire
une juste idée de ces bons féodaux dont *Les Burgraves*
nous ont donné une image magnifique, mais que j'entre-
vois idéalisée, par trop poétisée, c'est en cette région,
dite le Tyrol méridional, qu'il faut venir. Car j'imagine
qu'ils se ressemblaient tous, en cette Allemagne de Barberousse. Le développement politique et social des différentes régions, parallèle, avait nivelé les mœurs, et rendu
à peu près semblables les procédés de gouvernement
comme la vie des gouverneurs. S'ils subsistaient nombreux, ces châteaux féodaux, on les trouverait sans doute
aussi plaisants dans leur modestie que l'est le château
urbain des comtes de Tyrol.

Le vieux Meran, c'est une rue à arcades d'aspect beaucoup plus italien que celles de Bolzano. Les fenêtres sont
plus hautes, plus droites au-dessus des arcades et
n'offrent pas les détails germaniques, les grilles renflées
et ouvragées par exemple que l'on voit dans l'antique
Bozen. Mais aussitôt la figure allemande de se retrouver
plus marquée encore qu'à la ville voisine par l'aspect
du château.

Sous une arcade, tout à coup, une porte s'offre. Comme
tant d'autres, je la crois ouverte sur une cour de maison.
Mais la cour est plus grande, elle est vaste même.,
J'entre; c'est la cour du municipe, vieux bâtiment à
balcons de bois; au fond une bâtisse moderne, préten-
tieuse et, plus loin, les sentiers qui s'apprêtent à gravir
la montagne toute garnie d'arbustes et de buissons. Mais
voici bien autre chose. Au milieu de cette cour, à demi
caché sous le lierre, se dresse, sur le fond de la montagne, le plus drôle petit château qu'on puisse voir. Le
dessin sous le lierre est difficile à préciser. Un haut

pignon d'un côté, tout dentelé. De l'autre, une tour crénelée coiffée d'un clocher pointu, d'un bonnet ai-je envie
d'écrire. Des fenêtres çà et là, le tout comptant bien cinq
à six mètres sur chaque pan. Une petite porte basse à son-
nette de patte de lapin sollicite le visiteur mais ne lui
obéit point. J'ai demandé au municipe qu'on m'ouvrît.
Depuis la guerre, le château est vide et fermé. Le guide
me renseigne : « son vieil ameublement, ses portraits, ses
peintures murales donnent une excellente idée de la
simplicité qui régnait alors dans les demeures princières ».
Les portraits, je les regrette; il ne faut jamais négliger
les portraits qui renseignent si bien sur les âmes. Mais
le reste, en ai-je besoin? Je n'ai qu'à transporter ici les
quelques salles du musée de Bolzano, et je trouverai
aussitôt la simplicité vantée par Baedeker. Je la devine,
d'ailleurs, d'après l'extérieur, mais est-elle si louable,
n'étant pas voulue probablement? Il n'importe, et le rire
vous prend de ce « château » bon garçon, invraisembla-
blement jovial, l'air d'une villa le long du chemin de fer,
et qu'on aurait patinée et crénelée pour lui donner des
airs. C'est un plaisant joujou de seigneurs sans le sou,
vivant chichement au milieu de leurs sujets. On voit très
bien les enfants jouer aux billes dans la cour avec les fils
du portier, et la mère faire la conversation par la fenêtre
avec la voisine d'en face. Modestes, certes, ces princes-
comtes de Tyrol, petits seigneurs, tout petits, agents de
la police impériale, vivant maigrement des miettes des
impôts, dont toute l'autorité était empruntée, et qui
filaient doux. Leur résidence nous enchante et nous
amuse; elle suffisait à leurs goûts de subalternes. Les
imagine-t-on en présence d'un Charles-Quint, frais
débarqués de leur montagne, accourus de leur pavillon

du concierge? Une conciergerie où ils montaient la garde, c'est là tout leur logis et toute leur fonction. Ils s'en acquittèrent adroitement puisqu'ils durèrent. Mais à quel prix d'effacement!

**

Ne suis-je pas trop sévère? Peut-être ne vois-je ici qu'un pied-à-terre, la résidence officielle et jamais habitée qu'en passant? Allons donc au renommé Schloss-Tirol que j'aperçois tout là-haut dans la montagne, dominant Merano et le val d'Adige. Là résidaient les comtes, vigilants et prudents. Sur un rocher pointu tout à pic, selon la mode et, surtout, je le crains, la nécessité, le fameux château de Tyrol dresse sa tour et son corps séparé. La vue est magnifique sur les deux vallées de la Passeria et de l'Adige, face aux glaciers de Flaas, à mi-chemin de Bolzano. D'ici on voyait tout venir, et on inquiétait tout le monde. Mais qu'est ce château? Une étroite bâtisse en équerre, à deux étages, au toit-étroit flanquée à distance d'une tour-pigeonnier. Plus grande, certes, que le château de ville, mais plus simple encore. N'était sa posture sur son pic isolé où s'accrochent quelques masures, le monument ferait une excellente ferme. On l'a restauré, arrangé, pomponné même. On ne lui donnera jamais grand air. C'est la même demeure qu'en ville, de pauvres et simples gens, de simples et pauvres agents; la salle des empereurs suffirait, si nous n'y pensions pas de reste, à nous le rappeler.

Les environs de Merano comptent de nombreux châteaux de ce genre et de cet enseignement : Zenobourg, Brunnenbourg, Lebenberg plus considérable, à étages éche-

lonnés assez imposants, Forst, j'en oublie. Et tous à
l'image du principal où nous pouvons lire la mésquine et
triste existence de ces petits gouverneurs provinciaux mis
là par l'empereur qui les tenait par les bonnes-mains
qu'il leur laissait prendre, et toujours tremblants d'être
cassés aux gages. S'attendrir sur leur pauvreté serait
duperie. Leur autorité sur leurs sujets venait de la pas-
sive ignorance de ceux-ci, et de la crainte qu'ils s'effor-
çaient d'inspirer autant qu'ils l'éprouvaient. Ils vivaient
gagne-petit parce qu'ils avaient l'âme basse. Quelle différence avec nos insolents, hardis et risque-tout condottieri !
Des Sforza, des Gonzagua, des Malatesta, des Este, des
Ezzelino avaient commencé comme ces Tyroliens. L'empereur leur était à peu près aussi redoutable. Et d'autres
périls, si divers, les guettaient à chaque tournant de carrière. Ils n'ont pas végété, eux, pourtant. Ils ne sont pas
contentés des miettes tombées de la table impériale pour
remplir leur assiette. Ils sont allés de l'avant, bravant,
l'empereur, le pape, le roi, édifiant leur fortune, grandis-
sant la famille, et fondant ou développant les inoubliables
et magnifiques Milan, Mantoue, Rimini, Ferrare, Vérone,
Padoue. Ils n'avaient pas des âmes de bas profiteurs. Des
aventuriers, certes, mais comme les héros d'Arioste ; de
l'ambition, du goût, de l'amour et de l'audace qui ont
donné le jour à une Isabelle et à une Catherine, ont légué
les merveilles qui remplissent aujourd'hui les musées
du monde, exécutées à leur appel.

Ici, des seigneurs sans vertu et sans passion, de petits
profits et de tremblement. Ils n'ont rien créé, rien laissé.
Ils vivotaient au jour le jour, contents d'un sourire du
prince et d'un bon pourboire. Sigismond, comte de Tyrol,
bâtit sa loge en 1450. Un autre Sigismond, au même

moment, bâtissait aussi. Mais c'était le Tempio de Rimini, œuvre d'Alberti au compte du fils de Pandolphe Malatesta. A ce moment-là aussi, Medici bâtissait le Riccardi. Mantoue existait depuis plus de cent cinquante ans, le Castello de Milan depuis quatre-vingts, et Ferrare depuis soixante. Sigismond de Tyrol se carre dans une niche où ses successeurs se complurent à leur tour. Ils virent, au moins, le Buonconsiglio de Trente; ils n'en apprirent rien. Ils disparurent un beau matin, comme ils avaient vécu, sans bruit et sans regret, soumis toujours et obéissants. On a supprimé le poste, et ils sont partis, bons retraités, ayant vécu plusieurs siècles sans avoir jamais rien réalisé de plus qu'ils n'avaient reçu. Ah! fine Isotta, que n'eusses-tu fait faire ici à Sigismond fils de Pandolphe, ton frénétique amant!

V

LA QUÊTE DU GRAAL

Bressanone, Val Pusteria.

Voilà plusieurs jours que les Dolomites me montrent de temps en temps, par-dessus l'enceinte de montagnes brunes qui enferment leurs blonds trésors, me montrent la pointe de leur nez et me font signe d'entrer. Elles négligent seulement de m'indiquer le bon chemin. Je m'amuse à le chercher aujourd'hui, bien que, à vrai dire, je n'ignore pas tout à fait celui que je prendrai demain. Tourner autour d'un feint mystère porte en soi son plaisir; qui sait, au surplus, si, grâce à quelque brèche dans le mur de forêts, de torrents et de rocs qui les garde et défend, les Dolomites n'ouvriront pas tout à coup une porte jusqu'ici fermée à ma voix ou à mon geste également impérieux? Remontant l'Isarco, je pars à la recherche de la déchirure au chaste manteau.

La route suit la vallée couverte de vignobles et de vergers, passe à Karneid sous le petit château qui commande les gorges de l'Eggenthal, effleure Ponte all' Isarco et son château de Trotsburg surveillant, comme celui de Kar-

neid, la rencontre du val d'Isarco et du val de Gardena
où les Ladini maintiennent les traditions latines, et atteint
bientôt Chiusa d'Isarco qui, sous le nom de Klausen,
réveille en nous d'héroïques souvenirs. Parmi les exploits
de nos pères en ce pays tyrolien, tout rempli de leur
gloire, comment ne choisirions-nous pas celui-là? Chiusa-
Klausen n'est qu'une rue. Mais quelle rue ! Ici le général
Dumas mérita le nom de Horatius Coclès du Tyrol. Son
fils et son petit-fils ont bien fait quelque chose pour lui...
mais sans lui auraient-ils été ce qu'ils furent? L'auteur
des *Trois Mousquetaires* versa dans sa littérature et dans
sa vie la fougue exaltée que son père déploya au pont de
Klausen et sur tous les champs de bataille. La plume
d'Alexandre Dumas fils, d'où coulaient des pensées si
claires, nettes et tranchantes comme un sabre, devait bien
quelque chose à l'ardeur combative de l'impétueux
mulâtre. Je passe à mon tour le fameux pont sous l'empire
de la triple mémoire, et je m'amuse à y faire évoluer le
terrible soldat.

Il portait aux épaules, arrivant à Bolzano, son manteau
troué de sept balles au combat de Bressanone. Il comptait
poursuivre vers le sud, vers Trente, lorsqu'il apprend que
le général autrichien Kerpen, remontant l'Isarco, se dirige
vers le nord, par où il espère échapper. Dumas, aussitôt,
laissant son camarade Delmas à Bolzano, se met à la
poursuite de l'ennemi, mais il a beau courir, il ne peut
l'atteindre, tant la fuite est rapide. Kerpen ne prenait
même pas le temps de faire sauter les ponts, dans sa
hâte de se soustraire aux sabreurs de la République.
En avant de Klausen, pourtant, les cavaliers de
Kerpen sont rejoints. Un cri de joie s'échappe des rangs
des dragons : un pont se présente barré par des char-

rettes renversées; on va pouvoir jouer des biceps et du poignet :

« Vingt-cinq hommes à pied, crie Dumas. Dégagez-moi ce pont-là ! »

Sous le feu de l'infanterie autrichienne, les dragons s'attaquent aux charrettes. Elles étaient lourdes; Dumas se jette à bas de son cheval et donne un coup de main, un coup d'épaule plutôt, tandis que les voltigeurs accourent et répondent au tir de l'ennemi. Et bientôt les charrettes de rouler au fond de l'Isarco. Dumas remonte à cheval et galope, suivi de son officier d'ordonnance qui lui crie, novice encore : « Général, nous ne sommes que nous deux! » Raison de plus, dût penser Dumas qui continue et tombe sur un peloton de cavaliers. Son sabre tournoie et, d'un coup de revers, abat le sous-officier, balafre un soldat et en blesse encore un autre. Le reste se rend. Et comme l'officier, Dermoncourt, tout étourdi, félicite son général, Dumas lui répond :

« Tu n'es qu'un blanc-bec. Si tu ne te fais pas tuer, tu en verras bien d'autres. »

Il les vit dans l'instant. Dumas reniflait déjà. Il sentait l'ennemi qui se montre sous les espèces d'un corps de cavalerie en déroute. Ralliant cinquante dragons, Dumas s'élance en avant. —Les dragons suivent, mais de loin. Dumas et Dermoncourt se trouvent seuls encore. Dermoncourt toujours circonspect est d'avis d'explorer un peu. Sur le plateau l'ennemi est peut-être rangé en bataille ? En effet, trois beaux escadrons apparaissent, attendant. Dumas, au pas, se dirige vers eux. Le commandant l'interpelle en français :

« A nous deux, diable noir ! »

Schwarz Teufel, ainsi était surnommé le général Dumas

dans l'armée autrichienne. Le diable est prompt à la riposte :

« Fais cent pas, Jean-foutre ! j'en ferai deux cents. »

Et il met son cheval au galop, tandis que Dermoncourt, décidément épouvanté, appelle les dragons, et que le commandant autrichien et ses hommes tournent bride. Dumas entraînant ses cinquante dragons s'élance, et tombe devant le pont de Klausen qui commande la rue du village, aussi étroits l'un que l'autre : trois chevaux tout juste peuvent passer de front, et aucun tablier. Dumas franchit le pont, le fait passer à ses dragons et à ses tirailleurs qui éclairent ; mais la fusillade arrête ceux-ci ; la panique les prend, gagne les dragons et tout le monde repasse le pont, tout le monde, sauf Dumas et douze hommes. A treize, ils reçoivent la charge ennemie, et peu à peu se rapprochent du pont où les douze hommes abandonnent décidément leur chef. Et voilà Dumas en tête à tête avec les « Jean-foutre ». Seul devant le pont, il brave tout un escadron. Dermoncourt le voyait lever son sabre « comme un batteur en grange lève son fléau », et à chaque fois que ce sabre s'abaissait, un homme tombait. La rue et le pont étant étroits, l'ennemi ne pouvait se présenter qu'à deux ou trois de front. Dumas se chargeait de si peu. Les dragons, s'étant ressaisis pourtant, revinrent et dégagèrent leur général. Puis, on reprit la poursuite, jusqu'à Bressanone-Brixen où on souffla. Le lendemain, Dumas retournait à Bolzano pour, disait-il, « donner un coup de main » à Delmas.

Je pense alors à la guerre d'aujourd'hui d'où de tels exploits sont bannis. Des cœurs aussi intrépides que celui-là, la France les produit toujours à foison. Ils ne peuvent plus se manifester que par une résolution où il n'y a pas place pour l'ivresse du duel. La force d'âme est constante, peut-être même doit-elle se montrer plus ferme lorsque la vision directe de l'adversaire ne vous soutient pas. On distingue dans l'acte d'un Horatius Coclès un héroïsme qu'anime l'orgueil du défi. L'obus est plus meurtrier que l'escadron, mais il ne peut être provoqué en combat singulier ; pas d'injures à jeter pour se mettre en train : les yeux font balle aussi. Tant qu'il y aura des cœurs français, des hommes comme le général Dumas resteront pourtant admirés de nous ; nous demeurerons, en dépit de toutes les artilleries, d'incorrigibles individualistes qui pouvons nous soumettre par raison à l'action collective et lointaine, mais ne sommes vraiment nous-mêmes que dans l'action personnelle où le risque et le succès dépendent de notre décision et de notre bras.

*
* *

Bressanone, l'ex-Brixen, est une Bolzano en miniature, que sa petitesse rend plus pittoresque encore. Le temps l'a respectée plus jalousement aussi, et sa grande rue est surannée délicieusement avec ses fenêtres fleuries, ses pignons, ses arcades, ses balcons bien clos aux petits carreaux verdâtres ; l'épithète opéra-comique, si usée soit-elle, vient légitimement sur les lèvres. La vieille Allemagne proclame à nouveau ses mœurs familiales de bonnes gens que la fureur militaire n'a pas perverties ; l'antique Brixen forme un décor parfait, avec sa rue étroite aux façades penchées, chargées de grilles et d'enseignes enluminées, sa rue qui se garde bien d'être droite, mais s'infléchit et virevolte subtilement pour amuser l'œil, et permettre aux souvenirs de théâtre de s'accrocher au détour. On voudrait circuler ici tricorne sous le bras, habit ponceau à boutons d'acier, culotte jaune sur bas bleus, et haute canne coiffée d'or en main. Les femmes, fichu décolleté, bonnet de dentelles, jupon court à tablier de soie rose, et les grandes chaînes d'or balancées au corsage. Monsieur le bailli attend Madame la conseillère au coin du pont, sans y paraître toutefois, tandis que la jeunesse impudente du bel Andreas s'avance là-bas en serrant la taille de Gertrude bien rebondie, joues rouges et barbes chiffonnées. Que j'aimerais voir sortir du palais épiscopal Monsieur l'évêque-prince de Brixen, mitre et bottes, camail que soulève une épée, et son clergé ruisselant d'or et de soie! Un peu à l'écart de la ville, devant une gracieuse prairie, ce palais affiche une solennité trop jeune et qui jure un peu. Les longues lignes du xviie siècle ne conviennent pas à la ville de Litschen et Fritschen qui doivent en rire. Et pourtant il n'est pas déplaisant, ce palais, sa cour surtout, à trois rangs d'arcades, avec ses petites statues à tous les étages et à tous les cintres, les unes flatterie aux empereurs, les autres hommage aux évêques. De terre cuite, on les a peintes en bronze, pour les rendre terribles, sans doute. Dans la joviale Brixen, elles ne peuvent effrayer. En dépit de leur habit militaire, elles ne savent pas rouler de gros yeux, ni brandir d'épée. On les sent impatientes du soir qui va leur permettre de descendre et de courir au coin du pont retrouver quelque chambrière. Et j'entendrai bientôt des chants retentir, célébrant l'amour et la vigne; au clair de lune les couples valseront dans une Bressanone où Mozart et Grétry ne se seraient pas trouvés et ne seront jamais dépaysés.

*
* *

La gorge de l'Isarco se resserre de plus en plus au-dessus de Bressanone, jusqu'à s'étrangler; sans la route et le chemin de fer, dirait-on, les deux parois s'embrasseraient. Et brusquement elle s'ouvre, s'épanouit comme une bouche enfin forcée. C'est le confluent de l'Isarco et de la Rienza, point capital où se rejoignent le Brennero et le Dobbiaco : qui détient ce point et donc les deux vals est maître du passage.

A cheval sur l'Isarco, un peu en recul afin de bien voir rivières, vals et monts, une forte citadelle, Franzenfeste devenue Fortezza, barre le chemin vers Insprück. Je respecte forteresse et chemin, et entre dans la vallée de la Rienza, le val Pusteria, dans sa partie occidentale du moins; car, au centre même du val, les eaux de la Rienza et de la Drave nées au même lit se séparent — et ce sont deux mondes : d'un côté l'Italie, de l'autre l'Orient, le Pô et le Danube, les Latins et les Slaves. Enfants des Dolomites centrales, Rienza et Drave ont fondé deux familles ennemies. Ne se réconcilieront-elles jamais au foyer maternel? Il faudrait s'y asseoir, d'abord. Les Dolomites, même pour leurs filles qui se traînent à leurs pieds, restent toujours impénétrables. Je viens de suivre Isarco et Rienza depuis leur embouchure, et me voici à quelques kilomètres de leur source. Aucune fissure ne s'est présentée dans la montagne jalouse que Rienza ceinture. Le long du val Pusteria qui me rappelle le val di Sole par l'ampleur de ses versants comme renversés en arrière, et par la générosité de ses vergers, le long du val je cours en vain. Au-dessus des monts feuillus, des villages, des villas parsemées dans la douceur du frais climat, les pointes dolomitiques me font signe toujours, mais toujours rétives à l'approche.

Comme elles se défendent! Ile, continent, oasis, les Dolomites sont comme un donjon gigantesque que des enceintes successives protègent. Il faut franchir vingt murs avant d'y atteindre, montagnes farouches elles-mêmes ou plus terribles encore lorsqu'elles développent, comme en ce val Pusteria, toutes leurs grâces. *Parsifal!* Voici le Mont-Salvat, et les parures du printemps person-nifiées en Filles-Fleurs pour nous arrêter. Entourées de verdures profondes, les Dolomites jettent par-dessus les remparts l'œil fier et voluptueux qui nous appelle. Pèle-rin ou chevalier errant après tant d'autres perdus dans ces mystères, je tâte la muraille pour me précipiter à mon tour. Que trouverai-je? le Graâl ou Kundry, ou le fiel au fond du Graâl, au fond de la coupe d'amour?

J'arrive à Brunico, ex-Bruneck, sans avoir trouvé la porte encore. Brunico est une ville achalandée, la plus importante du val Pusteria, à longue rue que ferment deux tours, aux boulevards ombragés, offrant aux vacances estivales la variété des monts et la lancinante plainte du dolomitique appel. Poussons plus loin pour y répondre. Voici Dobbiaco, ex-Toblach, où les deux rivières, Rienza et Drave, naissent pour se séparer aussi-tôt. Et l'espoir conçu est enfin couronné. Une route s'embranche ici par où on peut entrer enfin. La porte est ouverte où se précipiter. Mais non! Kundry veut se faire mériter encore. Ne pouvant combler de rochers la vallée qui mène à Ampezzo, elle y a jeté du moins tout ce qu'elle a pu de ruines, l'a fait semer par ses amants de sinistres embûches. Elle a allumé entre eux la guerre qui a sévi jusqu'ici : la vallée est barrée de ravages. Si j'appelais le général Dumas qui jetterait d'un coup de rein ces pitoyables débris calcinés dans le torrent? Faisons durer le plaisir; et revenant sur mes pas pour prendre demain la route subtile qui me mènera au cœur de la place, je redescends le val Pusteria, retraverse Brunico, Fortezza, Bressanone, Chiusa-Klausen et son pont littéraire. Rentré à Bolzano je vérifie ma ceinture et m'oins des huiles salutaires en vue de l'entreprise de demain; ce qui signifie, traduit en prose : ayant à couvrir en montagne cent vingt kilomètres qui partent de trois cents mètres d'altitude pour monter à deux mille trois cents, je fais graisser le moteur, pourvoir à sa soif et renouveler les pneus.

VI

UN PIÉDESTAL POUR TITIEN

Cortina d'Ampezzo.

C'EST fait. Les Dolomites m'ont révélé sinon tous leurs secrets, du moins les plus cachés. Je ne m'égale certes point à Dolomieu dont on leur a donné justement le nom pour en avoir étudié et dévoilé l'essence, non plus qu'à Grohmann qui, le premier, les explora en alpiniste, encore moins à Jeanès, le peintre parisien, dont le pinceau éclatant et subtil en a noté les diverses beautés; et je ne prétends pas non plus rivaliser avec les amants des hautes altitudes, qui accourent ici, chaque été, pour rivaliser de jarret. Il est un sentiment, pourtant, qui m'autorise à me joindre aux savants et à Jeanès aussi, l'admiration. La traversée des Dolomites, de Bolzano à Cortina d'Ampezzo, offre l'un des spectacles les plus merveilleux qu'il soit donné de voir. Je dis bien : merveilleux. J'en connais de plus sublimes, tels que la baie de Naples ou Taormina par exemple. Je n'en connais pas où la part de la variété et de la couleur soit plus grande. Aussi, détailler les enchantements successifs et préciser

leurs raisons, en un mot décrire constitue-t-il une entreprise ardue. N'était la prétention littéraire, je l'avouerais
impossible. Ici Jéanès triomphe, haut le pinceau. A
chacun son métier. Les mots servent mieux aux sentiments qu'aux spectacles de la nature. Je veux essayer
pourtant, ne serait-ce que pour noter les différentes
étapes de ma randonnée, indiquer les plus remarquables
à mes yeux, spécifier de mon mieux quelques-uns des
aspects innombrables qui m'ont frappé, et par ainsi, sans
espoir de rendre exactement ce que j'ai vu, donner du
moins au lecteur l'envie d'y aller voir à son tour. Et tout
de suite je renvoie pour les précisions et le détail au
substantiel ouvrage, écrit avec netteté, se présentant avec
simplicité et orné de photographies choisies avec sagacité, l'ouvrage du Dr Christomannos : *La nouvelle route
des Dolomites*, et qui est traduit en français. C'est le
guide le meilleur que l'on puisse trouver. Je l'utilise pour
raviver et surtout contrôler mes souvenirs.

Nouvelle route, dit le docteur. En effet. Longtemps
après 1860, année où fut ouvert le premier tronçon, la
cinquième partie à peu près, longtemps après elle resta
encore inachevée, sauf en certaines parties non reliées
entre elles : et surtout, jusqu'à ces dernières années, elle
resta interdite aux automobiles. Seule la poste avait droit
au moteur. Les voyageurs devaient se contenter de
chevaux qui mettaient deux jours à accomplir le parcours. Christomannos lui-même en est resté à ce délai.
Et c'est, je crois bien, au changement de nationalité, aux
Italiens par conséquent, que nous devons l'ouverture aux
autos. On paie un droit de six lire, et on passe. Là où
on couchait autrefois, à Canazei, on déjeune aujourd'hui,
et Cortina, au cœur même des Dolomites, centre incom-

parable pour les touristes, offre le dîner et l'agrément du séjour.

C'est au pied de Karneid, déjà vu sur le chemin de Bressanone, lorsque l'Isarco reçoit l'Eggen, que la route commence. Elle entre dans la gorge de l'Eggen, dans l'Eggenthal qu'elle suit tout entière à peu près. Et c'est plus long que large, tout juste la largeur de la rivière coulant entre les parois rocheuses serrées à se toucher. La route a dû, ici, faire sauter le roc indiscret, là y creuser un tunnel, plus loin plonger ses pilotis ou ses murs de soutènement dans le torrent lui-même. Viaducs, galeries, tunnels se succèdent à l'envi, conquis sur le porphyre des parois perpendiculaires. Pendant une heure on grimpe ainsi vers une avare lumière qui tombe du lambeau de ciel étiré. Peu de verdure dans ces fonds, le roc brun tout lisse, rongé par les eaux et la nuit. Seul nous accompagne le fracas des cascades et des pierres incessamment roulées sous le flux de l'Eggen. Si on lève la tête, on aperçoit très haut des arbres tordus et maigres, penchés vers les abîmes. Tantôt sur la rive gauche, tantôt sur la droite, on court pour échapper au vacarme des eaux, à la menace du rocher, à la fraîcheur des cascades.

Peu à peu cependant le val s'est élargi, et les premières Dolomites apparaissent, le groupe du Latemar qui flanque la route sur la droite, tandis que le Rosengarten, que l'on voit de Bolzano, la flanque à gauche, mais reste encore invisible. Sur un pont de bois qu'un toit de bois protège, on a passé le torrent qu'on abandonne à Birchabruck pour monter à Nova-Levante, le Welschnofen autrichien d'hier, d'où, à peine a-t-on gravi le versant où s'assied le village, le Rosengarten apparaît. Les deux géants dolomitiques dressent au-dessus des bois chevelus leur tête blanche et nue. Le village disposé comme un hémicycle de cirque regarde le Latemar et ses mille pointes aiguës, tuyaux d'orgue fantastiques, tout striés, écorchés et muets.

La première impression reçue des pointes dolomitiques est de surprise devant la tache blanche qu'elles font. Au soleil du matin et de midi, le calcaire dépouillé, que tant de siècles de neiges ont lavé, a perdu, dirait-on, toute nuance. Les mille arêtes de la masse absorbent la lumière qui, sous le contraste aussi des versants d'appui couverts de forêts, est réfractée toute blanche. Blanche? le mot est bien fort. La nuance est difficile à saisir. A moi, Jeanès! ou plutôt à vous! Quelque chose tenant du jaune clair et du blanc mêlés, rose avec de la bonne volonté, et l'impression de blancheur se justifie par l'intensité de cette clarté au-dessus des pins noirs.

Après Nova-Levante, on monte raide. La route forme des lacets nombreux, en virages délicats auxquels on ne pense guère, car on pénètre dans la forêt de Karrer qui dérobe toute vue. Et se note déjà la première particularité de ces monts, leur variété. Voici une heure environ depuis mon départ, et j'ai vu déjà gorge, petite vallée, forêt, sans parler des crêtes illuminées. Mais celles-ci sont le lien de ces diversités, le motif de la symphonie sur lequel court le chant et dont se nourrissent les harmonies.

La forêt de Karrer est toute de sapins, des sapins minces, effilés, droits et hauts comme les mâts qu'ils deviendront, peu chevelus mais si serrés que leur ombre est à peu près totale. Au milieu d'eux la surprise émouvante du lac abîmé au bas de pentes rapides, et ceinturé sur tous ses bords par les arbres qui sortent littéralement non point de terre mais des eaux. Vert sombre comme ses

arbres, le lac reflète cependant un peu d'azur en son
centre. Nulle rive, sauf en deux ou trois points, et sûrement de main d'homme. Qu'il doit être tragique, ce lac,
au clair de lune, lorsque les brouillards montent et jettent
des écharpes aux bras des branches affaissées : là-bas,
cependant, il offre son miroir au Latemar qui y reflète ses
murs blancs découpés en longues lames, et y dessine ses
crêtes en couteaux, tandis que l'eau invisible chante sur
les rocailles couvertes de mousse, et que les roses des
Alpes, si pâles, pointent dans les herbes rases. Lac d'une
sombre horreur, au silence angoissant, à la solitude fré-
missante, à la si douce paix pourtant! Y venir chaque jour
de vacances lui demander le sens de la vanité de ce
monde, le sens surtout, car, le premier, les hommes se
chargent de nous le procurer, le sens de la beauté sévère,
de la couleur intense par deux tons à l'infini combinés,
de l'œuvre sans magie enfin, mais achevée grâce à
l'intensité de l'émotion ressentie, et à la simplicité des
moyens mis en œuvre pour la provoquer.

Ce vœu d'y revenir, dix minutes plus tard je vois que je
puis facilement l'exaucer. Le lac passé, voici encore une
large clairière, étendue entre le Latemar et le Rosengarten, et un somptueux hôtel s'y est assis, l'hôtel
Karersee, célèbre chez les alpinistes qui méprisent sans
doute les pauvres seize cent cinquante mètres d'altitude
de sa prairie, mais qui goûtent sa posture si bien choisie
pour le départ et le retour d'intrépides exploits ascen-
sionnels.

Cent mètres encore, et voici le col de Costalunga d'où
l'on aperçoit, face à la route qu'elle barre, l'aiguille du
Cimone della Palla, et les pentes aperçues pour la première
fois de la Marmolada, centre géographique des Dolomites,

leur plus haut sommet, aux glaciers inaccessibles où passait autrefois la frontière — idéalement du moins, aucun douanier n'y gardant un passage absent. Le col de Costalunga fait communiquer le val d'Eggen avec le val de l'Avisio dont Vigo di Fassa est le premier village. Ici nous sommes en pays ladin, aux mœurs plus italiennes que germaniques, au parler tout imprégné de latinisme et aux intonations quelque peu vénitiennes, par exemple lorsque le G se prononce comme le TS ou Z. Vers 1500, un peintre inconnu y peignit l'histoire de sainte Ursule en style vénitien. Appuyé contre les groupes dolomitiques de Langkofel et de Sella, Vigo se courbe sous le mur rêche et taillé à la hache du calcaire délavé, nudité stupéfiante de ces parois lumineuses que rien ne féconde.

Après Vigo on remonte vers un autre col, celui de Pordoi, le plus célèbre de la route, celui auquel on pense lorsqu'on se demande avant de partir : Pourra-t-on passer? Les deux mille deux cents mètres de Pordoi franchis, on arrivera certainement au but. J'ai interrogé à Karersee : une auto est partie ce matin à six heures; si on ne passait pas, elle serait revenue. Et le moteur semble tout allègre. Je le calme pourtant; puisque aussi bien nous sommes tranquilles, il convient de déjeuner auparavant, ne serait-ce que pour se montrer plus audacieux. Et la route invite à la flânerie. Elle suit le cours de l'Avisio dans une large vallée sous l'œil toujours vigilant et énigmatique des Dolomites chenues au-dessus des versants étagés, forêts qui grimpent. Des hameaux se succèdent, tout blancs aussi, d'aspect italien, avec des peintures éclatantes sur les murs, fresques rutilantes dont la seule tache intéresse, et qui en disent bien long sur l'ancestral besoin latin de la couleur, de l'art nécessaire pour bien vivre. Nous passons ainsi les villages étagés, prospères dans cette vallée de l'Avisio, les villages de Pozza, Pera si petit perdu, Mazzin et son pont trop étroit, Campitello et son église à tour crénelée, Campitello au pied d'herbages en cascades que domine le Langkofel en étages pour pieds de géants, et voici, arrivant à point, à l'heure du déjeuner, la ravissante Canazei où autrefois l'on couchait, non loin de Gries plus sévère avec son clocher bulbeux face aux neiges du Wermel, Canazei au penchant d'un coteau, dirait-on, regardant la vallée élargie de nouveau, aux fonds garnis de bois où court l'Avisio, aux assises dolomitiques disparaissant sous les pics, tandis que sur le ciel occidental se détachent le Rosengarten derrière lequel se cache Bolzano, la Sella et les bases de la mystérieuse Marmolada au pied de qui nous allons rouler maintenant.

Il va falloir s'élever encore de sept cents mètres. La route les monte en lacets qui permettent de regarder Canazei dans son large et profond vallon ceint de verdures sous les pics acérés. On dirait, ces Dolomites, les faisceaux du licteur. Et c'est toute la vallée de Fassa qui resplendit jusqu'aux masses du Latemar. Voici, cependant, en face, la Sella qui pointe, puis s'étale, se développe enfin, étrange sous sa forme décapitée. Un plateau semble la couronner, et non plus les aiguilles déjà familières, non plus les lances du faisceau mais le bouclier. On dirait que la route va nous mener à son assaut, la route qui en ce moment file à travers des bois qui, cette fois, ne cachent plus rien de la base dolomitique. Le sommet et tout le massif sont entièrement dégagés, sans plus rien qui les protège que le coupant de leurs lames. A gauche, par la trouée du col, le groupe du Langkofel décapité lui aussi, puis le Fullinger plus classique avec ses multiples pointes, qui ont laissé tomber à leurs pieds le manteau de neige dont une main pudique voulait les couvrir. Le Langkofel, le Fullinger et leur compagnon le Grohmann grandissent sous les yeux à mesure que l'on monte, comme mus par quelque machine cachée dans les dessous de la scène du monde. Sur la droite cependant la Marmolada reparaît, mère de ce peuple de pierres, et étale sous nos yeux ses glaciers luisants, ses neiges victorieuses enfin : le mur dolomitique a gardé son manteau. Le col de Pordoi approche ; le déploiement de la Marmolada le dit. Le dit encore plus, après tant de verdure dans les vallées, la sécheresse des aspects. Il n'y a plus rien maintenant que le caillou recouvert d'herbe rase, où percent çà et là quelques roses des Alpes, et d'autres maigres fleurs. Une pyramide commémore l'ouverture de la route ; non loin, des croix dressées, cimetière autrichien, rappellent la guerre qui a sévi jusqu'ici, et me font souvenir de ce qu'on me disait en 1917, au front d'Udine : « Là-haut, ce n'est pas la guerre, c'est du sport ! » On en mourait pourtant.... Mais voici le col, comme tous les cols vide et nu, à l'immense horizon : le mont Pordoi et le mont Boe du groupe Sella à gauche, le Sella si lourd, étalé, plate-forme, dirait-on, en terrasse pour bâtir ; à droite le Mezzodi, où traînent encore quelques sapins et le Fedaja du groupe Marmolada sous le Wermel à dos et tête de grenouille. En face enfin, joyeux à nommer par la certitude qu'ils donnent d'atteindre le but, la Tofana, le Sorapis et même l'Antelao, les montagnes d'Ampezzo en un mot, encore légèrement estompées mais déjà brillantes de tous leurs tranchants.

Et ce que je constatais à Karersee, je le constate encore, avec la variété même des Dolomites entre elles à y ajouter. Le grand attrait de cette région, en effet, et je comprends maintenant pourquoi elle plaît tant, son grand attrait réside dans les innombrables aspects toujours différents. Oui, je sais, il y a Jeanès. Mais Jeanès je ne l'ai pas encore vu, je veux dire : je n'ai pas vu encore ses effets de lumière, ses couchers ou ses levers du soleil sur les cimes blanches, complaisantes à tous les rayons et à tous les reflets. Les levers, il y a bien des chances pour que je ne les voie jamais.... Mais les couchers, je suis sûr de les tenir tout à l'heure. Aussi, si je parle de variété, c'est seulement celle du paysage dans ses formes et ses postures offertes. Gorges profondes débouchant brutalement dans de molles vallées; forêts plongeant dans des lacs ou grimpant à l'assaut; dolomites intermittentes et toujours variées; cols tantôt boisés comme le Costalunga, tantôt secs et morts comme le Pordoi; et les villages tyroliens ou italiens, les langues parlées, la route ellemême calamiteuse ou molle comme une allée de parc; si l'on n'avait pas la carte sous les yeux, on croirait à une route tournant sur elle-même pour épuiser les curiosités, alors qu'elle prend strictement le plus court et le plus droit chemin. La Tofana, là-bas, m'appelle enfin de toutes ses neiges dont quelques plaques s'attardent encore autour de moi, et c'est le dernier contraste, celui du printemps de ces roses et de cette neige dont je mouille en ce moment mes mains que le vent a séchées.

Le Pordoi franchi, on descend dans la vallée du Cordevole, vers Arabba, à travers pâturages et prairies sous l'abri de la chaîne du Padon non plus blanche dolomite, cette fois, mais noire masse volcanique récemment sortie du feu, « récemment » s'entend en langage géologique, pour qui les siècles ne sont que journées.

Le paysage du Pordoi à Arabba est incomparable de majesté. Le ruban de la route est jeté sur les prairies avec une nonchalance qui fait supposer vingt chemins. Il descend paresseux les pentes nues d'abord, puis légèrement boisées, bientôt ombragées, caresse en passant quelque chalet, et regarde au loin, par-dessus les plans étagés, les blanches dolomites que la neige assombrit. L'ampleur tourmentée de ces monts enchevêtrés, coupée du repos des futaies, rebondissante puis affaissée, pour finir dans un dernier sursaut de la terre exaspérée, exalte et abat à la fois, verse dans les cœurs sa force si triste, mais si joyeuse aussi d'une puissance illimitée, son défi hargneux dans l'allégresse de la vie épanouie.

Arabba à peine laissée, et c'est Pieve di Livinallonga, toute serrée dans un fond de ravin, et toute en ruines lamentables. Livinallonga à la frontière austro-italienne autrefois, a subi la guerre implacable. Le « sport » compte ici ses victimes, un village entier rasé, effondré, désert. Je le salue avec piété, je salue Livinallonga tassée sous le Pelmo, autour d'un clocher pointu aux ruines désolées. En vain j'essaie de me la représenter d'après les images du Dr Christomannos et ses descriptions. La rue seule est déblayée, la petite rue dont, en étendant les bras, on toucherait les murs. Le reste n'est plus qu'écroulement. Tout est désert, et sont parties les femmes à robes vertes à plis tombant lourdement de la taille haut montée, sur la tête un chapeau rond de feutre noir qu'elles tirent pour le salut.

Pieve di Livinallonga passée, encore une fois nous quittons la vallée. Le Cordevole disparaît en hurlant dans des gorges invisibles, et nous montons vers le col de Falzarego. Au loin, dans la vallée du Cordevole le lac

d'Alleghe ; plus loin, par-dessus les contreforts du Padon,
la mer de glace, toujours, de la Marmolada maternelle.
Andraz — qui a souffert aussi du « sport » meurtrier —
Andraz est dépassé et laissé sous nos pieds, dominé par
un vieux château ruiné, bâti, dit-on, par les Goths, et où
passaient l'été les évêques de Bressanone, non point tant
pour la villégiature que pour surveiller le produit des
mines de fer de la région. Nous montons toujours. A travers bois nous parvenons à de nouvelles prairies fermées
de toutes parts par le roc impénétrable. La route brave
l'obstacle, tire ses lacets sur des murs de soutènement,
et, ayant assez rusé, crève le roc sous lequel elle passe
en tournant.

Le pic de Falzarego se jette alors au-devant de nous,
parois jaunes, en pleine lumière. A son pied traînent
encore des cabanes militaires, sous les pins discrets.
Puis, ce sont les gorges de la Lotscha, et voici de nouveau de calmes et verdoyantes prairies bien fournies
d'herbe et de troupeaux. Un moment l'ensemble dolomitique se réunit sous nos yeux, la Marmolada rassemblant
en son giron Falzarego et Tofana, Sorapis et Cristallo,
ces soleils autour desquels gravitent les dolomitiques
planètes. Les Cinque Torri suivent en désordre fixé tout
à coup, et voici enfin, dans le champ de lorgnette tracé
par les arbres de la forêt à travers laquelle nous descen-
dons, voici, derrière Cortina déjà aperçue, l'Antelao et
ses neiges, le Sorapis qui, la forêt franchie, va étaler la
gloire blonde de ses orgues, de ses lances fières de leur
nudité, et que le soleil commence à revêtir du caprice de
ses teintes. Nous avons atteint le point dit la Crepa, sorte
de plate-forme, de panorama autour de laquelle les Dolomites se présentent docilement : sec Antelao, long Sora-

pis, simple Cadini, rond Popeno, et Cristallo au triple dos, nerveux Pomaganion et Seekofeel, sèche Tofana et Nuvolo aux quatre tranches alignées, Croda et Pelmo, toute la cohorte enluminée et comme retentissante des harmonies du soir approchant. La route descend résolument, tourne derrière la Crepa, passe sous un tunnel encore, dégringole de plus en plus dans la vallée, rejoint enfin la vieille route, et lorsque la voiture entre dans Cortina, les Dolomites viennent d'allumer leurs feux et d'entonner leurs chants nocturnes.

Antelao, Pomaganion, Sorapis et Cristallo, les quatre sommets qui ombragent le val d'Ampezzo, sont entrés en combustion, et voici le spectacle rapide et éblouissant du soleil qui meurt sur le roc complaisant. Selon l'orientation, la teinte intime du calcaire, la hauteur du pic et même le caprice d'une vapeur égarée, ces quatre gardiens de la vallée flambent en gamme chromatique que complique encore la fuite des minutes insaisissables, plus rapide ici que là grâce à d'obscures fantaisies du ciel grisé lui-même, dirait-on, par ses propres éblouissements. L'un, — est-ce Cristallo, est-ce Pomaganion? qu'importe le nom! — a revêtu son habit abricot; son voisin préfère la soie rose presque mauve, et la neige du troisième a l'air de brûler incandescente, le foyer devenu blanc. A peine ai-je eu le temps de noter cela que tout est déjà changé. Les cimes semblent s'être prestement passé leurs habits l'une à l'autre. Mais, si je fixe un instant, je vois ces habits changer sur place, comme on voit des figures prendre la place d'autres figures, par passage insensible, sur l'écran de quelque cinéma. Des grandes taches noires, pendant ce temps, se sont formées, et gagnent peu à peu. Elles gagnent, maintenant, de bas en haut. Les pointes suprêmes restent toujours roses, mais les pentes s'assombrissent doucement, la montagne qui va mourir tire lentement à elle ses voiles pour finir par en couvrir son front, lorsqu'elle poussera son dernier soupir. Et le nuage monte, noir, tandis que les sommets finissent par pâlir assez insensiblement pour qu'on voie se dessiner et se fixer les formes de la nuit. Le soleil tourne aussi, tout en déclinant; et cela crée encore d'autres surprises, des teintes nouvelles dans des coins tout à l'heure crus, et qui se présentent à présent hâlés d'un bleu pâle tremblotant.

Le calcaire blanc se prête à tout, docile esclave du roi soleil. Indéfiniment on en noterait les effets toujours divers, chaque seconde, chaque minute et chaque jour, puisque la source même de ces prodiges est mobile, instable, irrégulière dans ses manifestations et capricieuse dans ses accidents. L'âge même de la pierre, chaque jour l'effritant un peu, comme il nous ronge aussi, cet âge n'entre-t-il pas pour quelque chose, si imperceptible que ce soit, dans l'inéluctable variété, dans l'impossibilité de retrouver jamais la vision d'un jour passé? Je comprends maintenant qu'un Jeanès ait passé des années à étudier ces éclairs et s'y obstine encore. L'angoisse du peintre, chaque minute qui fuit, de suspendre cette fuite, et d'arrêter la lueur évanouie à l'instant où il la perçoit enfin! L'étude est à renouveler tous les jours; l'expérience ici servant peu, les croquis encore moins. Moi-même qu'ai-je fait? J'ai voulu dire la lumière qui se dérobe à l'œil subtil. Fixer dans la lourdeur de la phrase l'impalpable éclair des teintes insensibles, constitue une présomptueuse entreprise. C'est à peine, déjà, si l'on peut trouver les mots assez nuancés pour traduire à peu près l'impression produite. Ici, il vaut mieux se taire, jouir par ses yeux tendus, garder le mystère en sa mémoire fidèle, à la porte de laquelle on frappera les jours moroses, les jours de pluie sur le sol ou sur notre cœur, pour tout illuminer en nous, relever un sourire sur nos lèvres tombées, et faire jaillir un instant de nos yeux des lueurs qui resteront incomprises et que nous n'expliquerons jamais.

*
* *

J'ai tant levé le nez hier soir que j'ai oublié de regarder autour de moi. Et ce matin, au réveil, je découvre Cortina, petit village bien ouvert, au milieu d'un ample vallon que les quatre hautes cimes dont il est menacé n'arrivent pas à étouffer. Cortina ressemble à toutes les villégiatures, magasins et hôtels, ceux-ci dispersés aux points avantageux, soit dans la ville, soit sur les pentes.

L'unique rue n'est qu'un morceau de la route de Dobbiaco à Pieve di Cadore, rue en pente douce d'où partent les chemins et sentiers écorchés chaque jour par le piolet des ascensionnistes. Et j'ai employé ma journée à tourner autour de Cortina. J'ai remonté vers Dobbiaco jusqu'à Landro, au delà de l'ancienne frontière, et complètement ruiné, lui aussi, par le « sport ». Le Cristallo et la Cima di Lavaredo, par des échancrures des sapins, montrent leurs cimes redevenues blanches, découpées ce matin avec une netteté de couteau. A Schluderbach, sur la frontière, le mont Piana garde en ses replis des neiges vibrantes. Revenant alors à Cortina, j'ai pris par les Tre Croci, plateau entre le Cristallo et le Sorapis où le « sport » a semé encore quelques ruines parmi les pins douloureux, et un petit cimetière auprès d'une cabane, autour d'une pyramide riche de mémoire. En revanche il a construit quelques routes faciles dont la vie se sert après la mort. Et je suis remonté jusqu'au lac de Misurina, avec ses hôtels autrefois achalandés, regardant le Cristallo du pied du Sorapis et des Tre Cime di Lavaredo, miroir mis là pour que les cimes se confrontent. Dans les gorges nées des Marmarole et du Sorapis, j'ai cherché des aspects nouveaux dont le récit risquerait, d'ailleurs, d'être aussi fastidieux qu'ils sont variés et infinis. Le domaine de l'insaisissable par la froideur des mots écrits est tout grand ouvert, comme il le fut hier soir, devant moi. Et plus que jamais je me convaincs de l'impuissance à rendre la magie des surprises du soleil sur les caprices de la terre. Pourquoi ce souvenir me vient-il? Il y a longtemps, au musée de Naples, je rencontrai un ami parisien qui accourut vers moi en s'écriant : « J'ai votre livre! Je le lis chaque soir! » Et je lui répondis avec sincérité : « Vous ne me faites là aucun plaisir. — Pourquoi donc? — Parce que, de loin, à Paris, je puis encore espérer faire mon petit effet. Mais ici, devant les choses mêmes dont je parle, je n'espère pas égaler l'impression même que vous ressentez. Vous me mettez en un état d'infériorité qui par trop m'humilie. »

Ce jugement je le porte encore. Je n'espère pas, devant ces hauteurs et ces fonds tumultueux, devant de telles héroïques fantaisies de la terre déchirée, atteindre aux sentiments exaltés ou épurés que ces bouleversements échevelés peuvent éveiller. Si l'on veut bien m'en croire, pressentir ce que je ne puis exprimer, par ma faute sans doute, mais aussi par celle de l'instrument, une plume, qui m'est échu, si l'on veut bien m'accorder crédit, on ira voir et sentir par soi-même. Et ce qu'on verra, c'est un spectacle insoupçonné de lumière vespérale, et que l'on me dit le plus magique aux soirs de septembre, un spectacle surtout de la variété la plus changeante qui soit, dans les plus multiples aspects.

Variété d'abord de ces monts dont on ne voit nulle part ailleurs les pareils. Essence et formes sont uniques au monde. Ce calcaire complètement nu, aux arêtes sèches et tranchantes, se dresse avec une netteté blanche qui aveugle par moments. Tantôt il aligne des masses accolées et étagées formidablement; tantôt il dresse, les serrant l'une contre l'autre, cent aiguilles tendant toutes à se séparer, comme si elles n'étaient que sable friable soumis au caprice du vent; et ces aiguilles forment faisceau, cheminée, lames de couteau, tuyau d'orgue où ne manquent même pas les ombres en forme d'ante; et tout autour, au pied, l'imprévu divers à l'infini des sapins et des prairies montant à l'assaut du calcaire dépouillé qui s'en rit. Variété ensuite du paysage général, qu'aucun autre, en Suisse par exemple, ne donne, en Suisse où une certaine monotonie, si grandiose qu'elle soit, ne laisse pas de lasser un peu. Cette variété-là, je l'ai notée au cours de ma route de Bolzano à Cortina. J'ai franchi trois cols flanqués chacun d'aspects opposés, les gorges de l'Eggen, la vallée presque plantureuse de l'Avisio, celle si profonde du Cordevole, la radieuse descente vers Cortina, et, dominant le tout, la Marmolada et son troupeau aux cent postures, aux mille lumières.

Revenu ce soir à Cortina, je m'installe devant le Pomaganion qui a mis, en prévision de la nuit fraîche, son beau manteau violet sur ses épaules. De petits nuages

naissants viennent de temps en temps le visiter et railler
sa prudence, tandis que les blancs Cristallo et Sorapis,
ces deux frères impassibles, le regardent avec apitoie-
ment. Les promeneurs vont et viennent en silence, rêvant
aux exploits du lendemain. Ils défient la montagne tandis
que ma sagesse accepte sa puissance, renonce à la violer
plus longtemps, et songe à ce Cadore effleuré tantôt en
tournant sous les Marmarole, le Cadore qui, en dépit de
ses grandeurs naturelles, fera toujours retentir en nous
le nom de Titien avant tout autre. Quittant Bolzano, je
parlais de merveille. La plus prodigieuse, n'est-ce point
celle-là? En Cadore, ici même, un jour naquit celui dont
la mémoire submerge tout l'horizon étalé sous mes yeux,
et dont les rayons du soleil couchant, qui embrase en ce
moment les sommets, forment la gloire divine. C'est à
Pieve que se produit le miracle. J'irai demain.

VII

UN GRAND BOURGEOIS

Pieve di Cadore.

LA visite de Pieve ne peut être qu'un pèlerinage à
Titien. Sur la place de la petite ville une statue se
dresse, dont le socle, en cette Italie où l'on aime, parce
qu'on en possède l'art à la perfection, l'éloquence des
inscriptions, porte, sans qu'on ait même daigné y ajouter
une date, porte le nom tout seul : Tiziano. Cela suffit,
en effet. Ces syllabes résonnent au cœur de quiconque
s'arrête ici, — et qui donc a besoin d'un commentaire ou
même d'une précision? Titien rayonne sur tous les âges
qu'il domine, sans rival comme sans égal. A côté de lui,
peut-être, Rubens peut prétendre à la suprématie, dans
une branche de leur art, du moins, que Titien n'a pas
souvent abordée, la grande décoration. Titien n'offre pas
d'ensemble comme celui du Louvre. Et cela doit être
compté à Rubens. En revanche lorsque Rubens travaille
dans le même domaine que Titien, celui-ci le surpasse
sans peine. Et, d'autre part, les portraits de Titien ne
seront jamais égalés, même par Raphaël. Des œuvres

comme la *Vénus d'Urbin*, la *Flora*, *L'Assomption*, la *Mise au Tombeau*, *Amour sacré et amour profane*, le portrait de *François Ier*, celui de *Paul III Farnese*, ceux de *Charles-Quint*, *L'Homme au Gant* et tant d'autres dont rivalisent les musées d'Europe, ces œuvres ont atteint le summum de l'art de peindre, si cet art consiste à fixer la forme et la lumière, et, par la forme et la lumière, à traduire l'âme des hommes. Nul n'a réalisé cet idéal avec plus de perfection, n'a exécuté plus d'œuvres devant lesquelles personne n'a jamais pu rien dire qui ne fût admiration.

Quel est le secret de ce miracle? Dans le génie départi, oui, et ce n'est que répondre par la question à la question. Mais peut-on répondre? On peut, du moins, et c'est ce qu'ont toujours fait ceux qui se sont trouvés en présence du génie, chercher les circonstances qui l'ont favorisé, ont aidé à son développement. Une telle enquête est louable à condition de ne pas lui demander toutes les raisons. La théorie du milieu, par exemple, est bonne à suivre, si on ne lui donne pas la première place, si elle ne vient qu'à titre complémentaire, si on réserve d'abord et principalement les droits de ce mystérieux génie. J'ai vu, par exemple, autrefois à Urbin combien cette théorie était fragile lorsqu'on l'appliquait à Raphaël. Je l'ai vu aussi à Stratford-sur-Avon pour Shakespeare. Elle garde néanmoins sa justesse en ce qui concerne l'aide que l'atmosphère physique et morale peut apporter au génie latent, la certaine direction qu'elle lui donne, et les nuances qu'elle lui révèle : l'influence de Florence et de ses révolutions sur Dante en sont un irrécusable témoignage.

A Pieve di Cadore on ne peut que songer à ce problème

légitime, légitime si on le maintient dans ses justes proportions, dans sa stricte valeur. Le paysage où les yeux de l'enfant ont exercé leur don naturel, la configuration générale de la région qui influe si vivement, d'autre part, sur le tempérament des habitants par les mœurs et les nécessités qu'elle crée, rentrent dans l'objet même de la préoccupation du milieu; l'éducation familiale, les conditions de la vie y rentrent en même temps, par l'aide ou par l'entrave, souvent aussi féconde que l'aide, qu'elles apportent à l'éclosion. Quoi donc Pieve nous fournit-il à ce double point de vue?

Pieve est située dans la partie sud des Dolomites, au pied de l'Antelao et des Marmarole, celles-ci dites « la montagne de Titien » qui l'a fait figurer dans la plupart de ses tableaux, même ceux où elles n'avaient rien à faire, comme la *Bataille de Spolète* perdue d'ailleurs — et c'est bien fait!... Pieve est bâtie sur les ramifications de ces monts, non point les dernières, mais dont l'altitude modérée pourrait donner au paysage une certaine douceur en contraste avec les abruptes hauteurs qui l'entourent. Je n'ai pas, cependant, trouvé à Pieve cette douceur, du moins qui s'imposât. Nous sommes encore ici dans un pays pauvre et tourmenté, aux récoltes suffisantes sans profusion, aux lignes presque sèches, dures même, sinon rêches. Peu de rondeurs, peu de molles pentes, au contraire la terre précipitée, en sursauts et ressauts de toutes parts. Pieve, enfin, est assise tout au bord du rocher, au-dessus de la gorge sauvage où court avec fracas le Piave descendu des hauteurs, à peu près trois mille mètres, du Peralba; et Pieve regarde sur la rive gauche du Piave les dernières cimes dolomitiques non moins dénudées et sans plus de mystère que les premières qui le surplombent.

Titien ouvrit ses yeux d'enfant sur ces montagnes et sur ce torrent, sur ces champs précipités et maigres. Les Dolomites, je m'en rends mieux compte aujourd'hui, sont pleines d'attrait, mais elles n'ont jamais rien, en elles-mêmes, leur lumière exceptée, qui exalte. Elles sont trop franches pour troubler. Toujours nues elles n'offrent rien à deviner, à rêver. La netteté en lame de couteau a quelque chose de glacial peu fait pour transporter. Je n'y vois pas ce qui peut susciter le génie qui a besoin, semble-t-il, d'emportement, de vertige, au moins pour naître. Rien ne laisse plus calme que les Dolomites, leur structure du moins, sans parure qui invite à la recherche. Elles sont belles, si l'on veut, comme la femme nue qui inspire beaucoup moins le désir que sa rivale voilée. Qui donc a songé d'être aimé par la *Vénus d'Urbin?* Et qui ne l'a pas souhaité de la *Flora?* Les Dolomites inspirent des sentiments calmes. Et leur beauté est faite tout autant des incomparables et vraiment uniques paysages qu'elles ont enfantés, vallons et forêts d'une magnificence sans égale. Elle est faite surtout de leur lumière à laquelle il faut, sans restriction, rendre les armes.

Titien, cependant, n'a jamais vu dans les Dolomites que le motif de ses fonds. Il a gardé de la montagne où ses yeux d'enfant se sont reposés le dessin décoratif, et il s'en est servi habilement. Mais la lumière, il n'en a jamais été ébloui. Car il ne serait pas légitime d'attribuer aux Dolomites un sens que l'école tout entière, Bellini, Giorgione, Carpaccio, Cima, Veronese et tous les autres possédaient également, peut-être même, je parle de Veronese, avec plus d'intensité encore. Les gorges du Piave, du moins, l'ont-ils attiré? Il y a dans l'art de Titien une sérénité, un équilibre constants, qui ne peuvent rien devoir au tumultueux et désordonné torrent. Les profondeurs abruptes du Piave sous Pieve, ses caprices hargneux, ses colères et ses écumes, Titien ne les a pas vus; ils ne l'ont pas retenu du moins, lui si serein, si conscient et maître de soi! Titien est avant tout un grand psychologue, qui s'exprime avec le pinceau, mais un psychologue, et rien de ce paysage de Piave n'est fait pour aider à la psychologie. Il y faut plus de souplesse, plus de domination de soi, plus de rêverie même, cette rêverie qui scrute. Titien a vu les choses autour de lui; il ne les a pas regardées. S'il avait regardé, il serait devenu paysagiste, parce qu'il n'aurait pas pu ne pas être emporté par le sublime, par ce qui, seulement, est sublime ici, la lumière du crépuscule ou de l'aurore sur les faisceaux dolomitiques. Mais non, cela ne l'a pas frappé; et des Marmarole il n'a perçu que le dessin général, devenu bientôt, sous son pinceau, conventionnel. Tous les ans de sa vie, Titien vient à Pieve. Chargé de gloire et de commandes, il se reposait ici de Venise et d'Arétin. Jamais il n'a rapporté à Venise un coucher de soleil sur l'Antelao. Et pourtant son ami et compagnon de jeunesse, Giorgione, avait dû, en supposant absurdement que Titien ne le sût pas, lui apprendre ce qu'on pouvait tirer d'un effet de lumière sur la montagne et les forêts. *La Tempête* et la *Madone de Castelfranco* sont là pour nous dire que Venise savait goûter et exploiter la nature. Titien reléguait la nature au second plan — et c'est peut-être par là, c'est-à-dire négativement, que Pieve agit sur lui.... Si l'on écarte la lumière des Dolomites, objection grave pourtant, il est certain que le paysage de Pieve n'avait rien qui pût aider au génie de Titien autrement qu'en le contrariant. Éblouissant, grandiose et sublime, peut-être l'eût-il détourné des âmes qu'il cherchait jusque dans la ligne des épaules et des seins, dans les plis des tuniques et des pourpoints comme dans les attitudes qui trahissent? Rien à Pieve n'a pu absorber Titien, du moment qu'il ne voyait pas le soleil descendre sur les Marmarole. Peut-être couchait-on l'enfant de trop bonne heure?... Cette ressource n'est même pas laissée pour rire. Car Titien, je l'ai dit, revint tous les ans à Pieve. Il aurait pu avoir la curiosité d'un homme qui se couche quand il lui convient.... Restons sérieux, et constatons ici la carence du milieu-paysage sur le plus puissant et le plus profond de tous les peintres — quitte à reconnaître, en faveur de Pieve, que c'est un bien grand malheur d'être soumis à l'exigence de justifier un Titien. N'écrasons pas la petite ville de montagne sous Florence que tout favorisait de la nature et des hommes. Mais constatons que Titien ne doit rien à sa patrie que le jour — suffisamment glorieux pour elle encore.

En est-il de même pour le milieu-famille? La famille de Titien, les Vecelli, était ancienne et se distinguait depuis longtemps dans sa petite province. Elle descendait des De Camino, et ceux-ci d'un Collalto, qui avaient marqué lors des guerres civiles pour l'indépendance communale. Les Collalto remontent au commencement du xiiᵉ siècle. On trouve les De Camino podestats de Pieve deux cents ans plus tard. En 1347 Aquileia de Frioul prend l'administration directe du Cadore qu'elle avait, d'ailleurs, déjà possédé, avant la première invasion allemande. Aux siècles suivants, l'histoire n'apporte au Cadore d'autre changement que l'absorption d'Aquileia et de son domaine par Venise; les annales sont muettes sur la famille De Camino-Vecelli. On ne trouve pas plus d'histoire particulière des

individus que de la cité. On sait seulement, et c'est
logique et naturel, que cette famille resta attachée à sa
ville, et y servit dans les seuls nobles emplois qui fussent
permis à des sujets de la Sérénissime. Les Vecelli sont
magistrats de père en fils, notaires, avocats. Le père de
Titien, Gregorio, est jurisconsulte, soldat aussi quand il
faut défendre la cité et, par conséquent, Venise. Pieve se
trouve sur la route des invasions, la route qui part de
Dobbiaco-Toblack pour aboutir à Bellune et à la plaine
vénitienne, vieux chemins de tous les temps : n'est-ce pas
à Vittorio, à quelques kilomètres au sud de Bellune, que
l'Italie de 1918 remporta sur les Autrichiens la grande victoire qui acheva la déroute allemande commencée sur la
Marne trois mois auparavant? Les Vecelli de Pieve prirent
les armes en leur temps et à leur rang. Gregorio Vecelli
commande une centurie de 1495 à 1508, et guerroye contre
les Allemands. En 1518, on le trouve administrateur des
greniers publics, poste de grande confiance. En 1525, il
est préposé à la gestion des mines de fer; en 1526 il exerce
les fonctions de surintendant des travaux de restauration
de la forteresse.

Entre temps Gregorio s'était marié. Il avait eu des
enfants, dont Titien. En quelle année? Jusqu'à ce jour on
avait fixé cette naissance à l'année 1477. Et la belle
légende de Titien mourant à quatre-vingt-dix-neuf ans, le
pinceau aux doigts. M. Louis Hourticq dans son remarquable ouvrage : *La Jeunesse de Titien*, s'élève contre
cette date de 1477. Il propose de fixer désormais la naissance de Titien aux environs de 1490, n'admettant pas
que Titien, son œuvre ne commençant qu'en 1508 par les
peintures du Fondaco dei Tedeschi, ait pu rester jusqu'à
l'âge de trente et un ans sans produire. C'est, d'ailleurs,

ce que dit implicitement Vasari qui donne dix-huit ans à Titien travaillant au Fondaco, et lui attribue soixante-seize ans en 1568. Ce fut la mode et ce l'est encore de faire la moue à Vasari. Outre ingratitude envers la source qu'il est, sans laquelle on resterait stérile, c'est légèreté aussi de dénier ainsi sa valeur à un pareil témoin qui enquêta, des années durant, avant de publier ses *Vite*. On joue vraiment trop des erreurs de Vasari; on en joue pour se donner l'avantage de faire fi de ses vérités. M. Louis Hourticq a raison; il nous faut rajeunir Titien, fût-ce aux dépens du centenaire, si poétique qu'il soit. Il le faut pour cette principale raison, en effet, sans parler de Vasari, qu'il est impossible de fixer aussi tard, à trente et un ans, le début de la carrière de Titien, étant donnés ses commencements.

Titien ne connut pas les douleurs de la vocation méconnue ou contrariée. Dès l'âge de dix ans, ses vœux sont exaucés par son père. A peine a-t-il manifesté le goût des arts, qu'il est envoyé à Venise pour travailler. Sa mère est Vénitienne en effet, retenons-le. Le frère de celle-ci reçoit l'enfant et le place dans l'atelier de Bellini. Huit ans après, il monte avec Giorgione sur les échafauds du Fondaco. Voilà le normal, sans prodige de jeunesse ou de tardive révélation. Et c'est, assurément, ce qu'il y a de plus frappant dans la vie de Titien que sa régularité, sa placidité dirai-je presque; on n'y trouve jamais d'à-coups, d'élans brusques, de bonds ni d'éclats. Au contraire, un développement paisible et continu, un équilibre parfait dans toutes les parties, sur tous les points. Chez les artistes de son temps, et même des autres, nous trouvons un romanesque ou d'existence ou de travaux qui les situe en marge de la vie commune. Chez Titien, rien de cela. Il est peintre comme son père est notaire ou vicaire des mines. Il administre son génie dans un ordre parfait. Sa correspondance est d'un homme bien équilibré, attentif à ses intérêts, souvent même avec une insistance et sur un ton larmoyant qui choquent, prenant son art au sérieux, et l'exploitant scrupuleusement dans les deux sens du mot. Jamais de vagabondage, une mesure implacable au contraire. Il sollicite des commandes, les exécute, place ses tableaux avec adresse et n'ignore rien de ce qui plaît à l'amateur. Titien mena toujours une vie rangée, dont la plus belle ordonnance fut assurément d'avoir su accorder les exigences de son art sur lesquelles il ne transigea jamais, avec son adresse à en récolter le fruit.

Si nous évitons de donner à ce mot le sens péjoratif qu'on lui prête dans les milieux artistiques, la vie de Titien fut celle d'un bourgeois. Titien met au service de son art les qualités de sérieux, de rectitude, d'application et d'épargne qui sont celles de la bourgeoisie provinciale. Il est méthodique et sage. Il est homme d'habitudes et même de manies. Il se marie, est bon époux, fait des enfants qu'il élève de son mieux et, comme tout bourgeois enrichi ou arrivé, cherche à les marier dans l'aristocratie. Sa présence auprès d'Aretin stupéfie, quand on le voit vivre : il sait l'utilité d'être « en bons termes avec les journaux », d'inscrire à son budget le chapitre publicité. Les écarts chez lui rentrent dans la bonne administration ; il s'y livre parfois, distant d'ailleurs, n'en prenant que juste ce qu'il faut pour ne pas paraître y participer par intérêt seulement, pour ne pas froisser. Chaque année, l'été venu, il part pour le Cadore, et y passe ses vacances. A chaque voyage, régulièrement, il s'arrête dans quelque ville ou village, et y laisse non moins régulièrement un tableau : Bellune, Castel-Roganzuolo, Danegge, Lentini, Mel, Serravalle, Venas, Vinigo, Candide, Zoppe, Conegliano : il ne faut négliger personne ; la gloire doit être administrée, et tel cadeau peut valoir une commande. Sa fille, il réussit enfin à la marier noblement à un Sarcinello, gentilhomme de Serravalle près de Bellune et de Ceneda où il se bâtit une villa.

Un jour, le duc d'Urbin lui demande son portrait et celui de sa femme. Titien se met au travail et livre les deux portraits que nous voyons aujourd'hui au palais Pitti. Mais va-t-il se contenter de cette commande ? Il faut utiliser la bonne fortune. Il a ébauché, depuis quelque temps, une figure nue, une Vénus couchée, Vénus intime et contemporaine, jeune femme étendue et qui attend, après le bain, les vêtements que sa cameriste est en train de choisir dans les tiroirs d'un bahut. Titien qui, d'ailleurs, ne termine pas cette œuvre avant de savoir à qui il la vendra, songe aussitôt à la « placer » chez le duc. Et le voilà qui achève sa Vénus à la ressemblance, rajeunie de vingt ans, car la duchesse est mûre, de celle-ci. La *Vénus d'Urbin* est ainsi casée avec tous avantages. On ne trouvera que de ces traits-là dans la vie de Titien, on ne rencontre dans ses lettres rien qui ne les corrobore, ses lettres à Charles-Quint, à Isabelle, à tous ceux qui sollicitent quelque toile, et qu'il sait si bien aguicher, ou faire languir, ou même implorer lorsque ce sont des rois, pour le plus grand profit. Dernier rejeton d'une lignée de bourgeois laborieux et dignes, Titien fut lui-même un grand bourgeois. Il est le premier, je crois, des hommes de génie dans la vie de qui on ne trouve aucun de ces désordres que l'on pardonne, d'ailleurs, à l'exception. Il n'y a rien à pardonner à Titien — si ce n'est peut-être l'excès de sagesse.

Et son œuvre elle-même dégage nettement cette impression de sagesse. Jamais le génie n'a été aussi bien tenu par une main que la raison et le bon sens conduisent. Jamais de fougue, jamais d'essais aventureux, de folle entreprise. Des œuvres longuement mûries, neuf fois sur dix commandées et, si elles ne sont pas commandées, exécutées avec, déjà, une idée de placement, derrière la tête. La famille de Titien tient incontestablement la première place dans cette organisation. Elle lui avait donné le goût de la règle, de la bonne tenue; elle lui avait inculqué des principes vertueux; elle avait favorisé sa vocation; elle l'avait soutenu. Elle lui laissait en héritage la maison de Pieve, et avec elle tous les souvenirs d'ordre, de gravité qui l'avaient grandie. Je viens de la voir, cette maison où naquit Titien, mutilée aujourd'hui, encore reconnaissable pourtant lorsqu'on la confronte avec les gravures d'autrefois. Petite, minable, elle penche ses murs au-dessus du chemin descendant, ses murs lépreux portant la plaque justement orgueilleuse. J'ai voulu entrer. J'ai gravi quelques marches crasseuses — et je n'ai pas eu le courage d'aller plus haut. A quoi bon! Trop de générations de pauvres gens ont passé depuis que le fils de Titien vendit cette maison, pour qu'il puisse nous venir du contact autre chose que de l'amertume et de la douleur. Trop de sanies ont souillé ces murs où l'enfant joua. Titien n'est pas de Pieve, il est de sa famille. Ici poussa lentement une plante commune qui, peu à peu, grandit, se reproduisit, sélectionna ses rejetons, se greffa adroitement pour aboutir à la fleur parfaite avec qui elle mourut tout entière. Elle réussit sa tâche en ce monde puisqu'elle lui donna un génie; elle ne pouvait la réussir que selon ses moyens, ses facultés, dans sa voie.

Si, cependant, on voulait demander à Titien autre chose que cette incertaine filiation, incertaine parce qu'elle ne peut expliquer le peintre si elle explique l'homme, ce serait alors, pour ne pas contrister par trop les théoriciens stricts de l'hérédité et du milieu, ce serait la Vénitienne Lucia, la mère de Titien, qui nous répondrait. Titien, le peintre Titien, doit tout à Venise qui fut sa seule éducatrice, et que l'hérédité, si l'on veut, le mit à même de comprendre et d'assimiler. Les montagnes du Cadore, sans doute, les Dolomites éblouissantes, on les retrouve dans ses tableaux : un géologue anglais, Josiah Gilbert les a identifiées à peu près toutes. Mais ne les retrouve-t-on pas chez Bellini aussi, chez Cima, chez Bonifazio et même, dit-on, aux fonds de *La Joconde*? Les montagnes du Cadore ne sont pour Titien qu'un répertoire de motifs; elles ne traduisent jamais une émotion artistique; il ne les peint pas pour elles-mêmes, mais pour leur utilité et commodité. Venise, ne serait-ce que par Bellini qui en usa, lui apprit seule leur usage, Venise qui lui enseigna tout le reste aussi. Vivant dans l'atmosphère vénitienne, entre Giorgione, Bellini et Palma ses aînés, auprès des patriciens et des princes en visites incessantes à la Sérénissime, devant les palais du Grand Canal, le palais ducal et Saint-Marc, vivant à Venise enfin et en un mot, Titien se développa indépendant de son village, mais selon le sang qui coulait dans ses veines. Grâce à ce sang, il assagit Venise, il tint bon contre toutes ses séductions, n'en prenant que les bonnes leçons. Sa mère vénitienne peut être remerciée par ceux qui croient à l'hérédité directe, comme ses ancêtres le doivent être même par ceux qui en doutent. Car il y a l'éducation qui est forte, et qui, lorsqu'elle ne prétend pas à l'obstacle, à la contrariété et à la contrainte, mais à l'aide et au soutien, ne peut que faire fructifier toutes les leçons en même temps. Comment ne pas reconnaître l'excellence de préceptes et de mœurs qui produisent des parents aimants, complaisants et favorables? L'enfant a soif d'abandon. Si on ne le révolte pas, sa confiance dépasse encore vos désirs. Et il marche docile aux conseils qui respectent le chemin choisi. A Venise où son père l'envoya avec empressement, Titien trouva tout ce qu'il demandait, et au delà. Il lui doit non pas son génie, mais son art, comme il doit aux De Camino la direction de sa vie. Titien est le modèle du bourgeois sélectionné qui a versé dans les arts, sans rien perdre des qualités du bourgeois en gagnant celles de l'artiste. Et c'est peut-être pour cela qu'on le dit complet, si c'est l'être toutefois que de manquer de la flamme d'un Tintoret dans ses œuvres ou d'un Cellini dans sa vie, — mais ils ne le valent pas!...

VIII

DE BONAPARTE A CADORNA

Bellune.

L E Piave élargit peu à peu son lit au sortir des gorges
de Pieve di Cadore, s'amplifie à partir de Longarone,
et, quand il arrive à Bellune, qui le regarde de ses hautes
terrasses, il est devenu un large fleuve. La posture de
Bellune est magistrale, là où le fleuve qui coulait du sud
au nord vient de prendre sa route vers le sud-ouest avant
de se diriger définitivement au sud-est. Bellune, sur son
haut plateau étendu au pied des Alpes, commande la
route des montagnes à qui monte, celle de la plaine vénitienne à qui descend. Venise le vit bien qui s'empara de
Bellune dès qu'elle put, et la garda si jalousement que
Bellune est l'une des plus pures villes vénitiennes qu'on
puisse voir, offrant panoramiquement un haut clocher
bulbeux, quelques tours rondes autour de quoi se serrent
des toits plats et rouges, des maisons roses et l'abon-
dance des bois alentour, résumant déjà tout l'aspect de
la plantureuse, fraîche et riante Vénétie qui s'étend
autour de Vicence, de Trévise et de Padoue.

Dès qu'on entre dans Bellune, cette impression vénitienne s'accentue. Et Bellune enseigne clairement le
sort de qui est soumis. Le grand attrait des petites villes
d'Italie, c'est leur indépendance qui a engendré des
artistes et des formules d'art qu'on ne trouve que dans
leurs murs, chacune à part. D'avoir existé sans le secours
d'une voisine, et, mieux, en dépit de la jalousie de cette
voisine, donne à une ville une personnalité particulière ;
un artiste et une école peuvent y vivre et progresser
puisqu'ils rencontrent les ressources nécessaires qu'on ne
trouve qu'aux centres politiques. Toutes les petites villes
d'Italie ont été, un temps, des capitales.. De là leur
floraison. Si nous ne trouvons rien en France qui puisse
se comparer, c'est que notre pays a été très tôt unifié.
Dès lors, tout affluait à Paris de même que, au xviie et
au xviiie siècle, tout aboutissait à Versailles. Lorsqu'une
ville possède une cour souveraine, elle appelle à elle, si
petite qu'elle soit, des artistes qui y trouvent à vivre, à
se développer, et parfois font souche d'élèves. C'est ainsi
que Ferrare, Vicence, Pise, Pérouse, parmi tant d'autres,
conservent d'incomparables merveilles. Sujettes de Venise
ou de Florence ou de Milan, personne ne s'y fût fixé,
aucun Arioste ou Tasse, aucun Palladio, aucun Niccolo
Pisano, aucun Pérugin n'y auraient travaillé. Tout ce qui
jouit de valeur, d'originalité ou seulement d'ambition
(je pense aux Da Ponte de Bassano dont je parlerai
demain) se serait hâté de courir à la capitale ; hors de
celle-ci, il n'y a pas plus d'artiste local que d'amateur
susceptible de protéger un artiste. Enfin, la ville dominatrice limite les monuments qu'elle élève à ceux qui lui
sont utiles, et — outre qu'elle ne pourrait guère faire
autrement que de bâtir selon ses principes et ses goûts

— elle s'attache à leur faire rappeler son idéal, sa puissance, à donner un avertissement constant de sa force et de sa suprématie.

Bellune ne connut pas, du moins à l'époque féconde, de maître personnel. On n'y voit pas de podestat s'érigeant en prince. Des mains d'Ezzelino de Bassano elle passe en celles de Carrare de Padoue, et Carrare doit la céder à Venise. Elle fut toujours seconde. Elle subit une empreinte et n'imprima pas. Du moins cette empreinte est-elle charmante. J'ai même rarement vu, hors de Venise, œuvre vénitienne aussi réussie que l'ancien palais des gouverneurs, aujourd'hui la préfecture. L'architecte, Candi, est le même que celui de la Scala Minelli de Venise devant laquelle tous les voyageurs s'extasient justement, cette tour du palais Contarini avec son escalier dont, certainement, le fameux escalier de Blois s'est inspiré. Candi a montré qu'il pouvait réussir aussi les grands ensembles monumentaux, dans le même esprit de grâce et d'élégance qu'il avait apporté aux fragments. Au-dessus d'un majestueux portique, deux étages à balcons s'élèvent légèrement et gaiement. Ici, peut-être plus que nulle part ailleurs, on peut se rendre nettement compte de la grande signification du mot : Renaissance. Il est difficile d'adapter avec plus d'adresse, de personnalité et de succès, d'adapter aux idées nouvelles les principes antiques, de s'en servir heureusement pour aboutir à une œuvre originale et vraiment neuve. Et même Candi a été plus loin encore que la formule de la Renaissance ne le demandait. Il ne s'est pas limité à l'antique, ainsi qu'on entend du moins les termes lorsqu'on parle de Renaissance, surtout si l'on songe au grand maître Palladio. Son inspiration, Candi l'a demandée aussi à des temps plus récents, les admettant comme les anciens à concourir à son œuvre moderne. Il a fondu Antiquité et Moyen Age pour en tirer son œuvre à lui. Le palais de Bellune réalise la fusion par ce qu'il emprunte en même temps des palais romans et des gothiques de Venise, et là est sa grande originalité. Les fenêtres jumelles du premier étage, appuyées aux extrémités sur des pilastres, et divisées par une pure colonne d'où s'échappent deux cintres qui retombent sur les pilastres, ces fenêtres se réclament du principe nouveau ; et aussi le rang des fenêtres supérieures. Mais les balcons, celui du premier étage et celui du second, restent dans la plus pure tradition vénitienne. On pense à la Cà d'Oro et à tant d'autres décors du Grand Canal. Voilà tous les palais de Venise résumés en un seul, et la signification de la Renaissance étendue par conséquent. Le domaine artistique s'ouvre ainsi fécond et inépuisable. La leçon est excellente de ce qu'on peut obtenir de la tradition observée, pour aboutir néanmoins à un monument qui ne doit rien à personne qu'il ne puisse avouer.

Le municipio, lui, est purement gothique, œuvre, d'ailleurs, du xixe siècle, alors que Bellune n'est pas seule à être épuisée, l'Italie non plus. La cathédrale, élevée sur les plans de l'un des Lombardi, n'offre rien de remarquable. Visiblement, Venise a bâclé. Son palais seul l'intéressait. Elle y a mis tous ses soins, et a réussi à doter Bellune d'un monument précieux, et même inappréciable puisqu'il satisfait à la fois curieux et savants. Lui seul vaudrait qu'on s'arrêtât à Bellune.

Le musée aussi, me semble-t-il, riche en œuvres variées d'art et d'archéologie. Je dis me semble-t-il, car si, grâce à l'amabilité du sindaco, j'ai pu y pénétrer, je n'ai pu y voir grand'chose. Il fut déménagé en partie en 1915, et les Autrichiens achevèrent l'opération. Bellune fut occupée par eux. Les caisses sont revenues, même celles de l'ennemi. Mais rien, au moment où je passe, à peu près rien n'est remis en place. D'autres églises ont de l'intérêt. San Pietro avec ses bois de Brustolon, sculpteur assez théâtral mais vigoureux ; San Stefano avec ses statues de bois sculpté, beaucoup plus pures que celles de San Pietro, où la Renaissance éclate dans toute sa dignité sévère sans perdre aucun charme. Une porte ancienne enfin, couronnée depuis du lion de Saint-Marc, rappelle les temps romains.

Sur la grande, la vaste place Campitello qui se termine en balcon sur la vallée majestueuse du Piave, j'ai passé la soirée à contempler les montagnes et la plaine d'où bientôt les souvenirs se sont levés, ceux d'hier que le Piave appelait irrésistiblement, ceux plus anciens que les premiers entraînaient avec eux. Le Piave qui vit, tout près d'ici, le commencement de la grande victoire de 1918, achevée à Vittorio Veneto située à deux ou trois dizaines de kilomètres de Bellune, le Piave fleuve liminaire d'une région où, il y a un peu plus de cent ans, se déroulèrent les batailles-école du jeune Bonaparte. Toute cette terre que je viens de parcourir, depuis le lac de Garde jusqu'ici, et celle que je vais couvrir encore, fut, avant-hier comme hier, le théâtre constant du conflit éternel entre la latinité et le germanisme. Peut-être serait-il bien vain, après 1915-1918, après surtout que la sécurité définitive est atteinte, de penser encore à ce que signifiait la campagne de Bonaparte. Cela le serait, si cela ne devait pas nous aider à mieux comprendre les événements récents. Et ce que je disais, à Bolzano, du général

Cadorna trouve à Bellune, tandis que je boucle ma valise pour aller demain déjeuner au Bassano de Massena et de Wurmser, y trouve sa justification — si les rêves désordonnés des voyageurs ont toutefois besoin d'être justifiés.

*
*

Le 31 mai 1796, Bonaparte franchit le Mincio, pénètre en Vénétie. Il vient de remporter les victoires de Montenotte, de Millesimo, de Mondovi. Les Autrichiens sont chassés du Milanais, et se retirent d'abord sous Mantoue, bientôt vers le Tyrol en remontant l'Adige.

Bonaparte voulant faire du Milanais un état indépendant, ne pouvait tolérer une Vénétie autrichienne. D'autant moins que Venise favorisait l'Autriche. D'ailleurs, tant que les grandes voies de communication des Alpes restent aux mains de l'ennemi, 1918 l'a prouvé, il est inutile de songer à l'indépendance milanaise. Bonaparte entre à Vérone le 1er juin et poursuit Beaulieu par le val d'Adige; on voit des Français jusqu'à Bressanone — nous y avons vu le général Dumas, mais l'année suivante seulement. Wurmser a pris un détour, et il apparaît sur le lac de Garde, entre Milan et Vérone. Bonaparte va être coupé. Il évacue Vérone, abandonne le siège de Mantoue, puis se jette sur Wurmser, et c'est Castiglione qui lui rend la Vénétie prête à échapper. Massena poursuit Wurmser qu'il bat encore une fois à Rovereto, et entre à Trente. Augereau était resté, cependant, à Bassano, sur la Brenta, au débouché même du fleuve dans la plaine. Wurmser, sortant de Trente, s'est jeté dans le val Sugana, vallée de la Brenta supérieure, et il apparaît tout à coup sur les derrières d'Augereau. Mais Massena le suit, le rattrape deux jours après son départ de Trente, quatre jours après la bataille de Rovereto. Et voilà Wurmser pris entre Augereau qui tient Bassano sur la rive gauche de la Brenta, et Massena qui lui tombe à dos sur la rive droite. Wurmser veut empêcher les deux généraux français de se joindre. En vain. Massena passe le pont de Bassano. Wurmser s'enfuit vers le sud, vers Mantoue. Est-ce fini? Non pas, car Alvinzi est sur le Piave, et la distance n'est pas grande entre la Brenta et le Piave, en ce point-là : le Grappa les sépare tout juste, le Grappa qui prouvera cent ans plus tard sa puissance de rempart. Massena ne se sent donc pas en sécurité à Bassano, avec Alvinzi derrière le Grappa, et qui peut à tout instant imiter, de Feltre à Bassano, en passant par Fonsazo et Primolano — et c'est la route que je suivrai demain — imiter la manœuvre que Massena vient d'accomplir lui-même en partant de Trente. Résolument, Massena se retire jusqu'à Vicence, emmenant Augereau, puis, reformés, tous deux contre-attaquent. Alvinzi, du coup, est rejeté sur la rive gauche de la Brenta. Mais, encore une fois, les Autrichiens reparaissent sur l'Adige, se dirigeant vers Mantoue. Et c'est Arcole, le 17 novembre. Alvinzi est contenu derrière la Brenta, tandis que l'autre armée autrichienne est maintenue dans le haut Adige. Quelques semaines plus tard, au commencement de 1797, les Autrichiens attaquent de nouveau. Mais Bonaparte emporte Mantoue, le 2 février. Le voilà bientôt sur le Piave. Or, c'est en ce moment précis, commencement 1797, que Dumas se battait à Bolzano et Bressanone. Toute la terre ferme de Venise est tombée dans les mains de Bonaparte. Non! car de nouveau les Autrichiens inlas-

sables descendent la Brenta. Massena les refoule, Bonaparte passe le Tagliamento, arrive à Udine, à Gradisca,
franchit l'Isonzo qui lui donne Gorizia, et Massena fait
son entrée à Trieste. Le 18 avril sont signés les prélimi-
naires de Leoben.

Voilà les faits. Que signifient-ils?

Le général Cadorna, auquel je pensais à Bolzano, les
connaissait, et il ne pouvait pas les interpréter autrement
que nous lorsque nous nous les rappelons, fût-ce avec
autant de sécheresse que je viens de le faire. Ces marches
et contre-marches incessantes et vaines de l'Adige à la
Brenta, de la Brenta au Piave, et vice versa, ces courses
héroïques de Massena dans le val Sugana, de Mantoue
à Vérone, de Vérone à Mantoue, de Vicence à Bassano
et de Bassano à Feltre ou à Bellune, ce perpétuel retour
des Autrichiens apparaissant toujours sur le haut des
monts, menaçant Lombardie, Vicentin, Padouan, Vénétie,
Trentin, Frioul en même temps et tour à tour, et
recommençant le lendemain, la situation précaire, instable
et chaque jour presque désespérée de nos armes, quoi
donc cela pouvait-il enseigner à Cadorna, si ce n'est qu'il
fallait tout le frais génie de Bonaparte pour n'y pas suc-
comber? Appelé à commander en 1915 sur ce terrain de
1796, Cadorna a étudié le passé, et il y a appris le leçon
nécessaire. Et c'est la fragilité même de cette frontière
tant qu'elle laisse les Alpes aux mains de l'ennemi,
Cadorna s'est vu dans la situation de Massena et d'Augereau. Il se trouvait sur l'Isonzo comme Augereau et
Massena sur la Brenta; le danger pour ceux-ci venait de
l'Adige, pour lui de la Brenta, mais c'était le même. Que
les Autrichiens descendissent encore une fois le val Sugana
ou le val d'Adige, et Mantoue, Vicence étaient emportées.

Tout le front s'écroulait. Bonaparte avait réussi. Peut-on faire grief à Cadorna de n'avoir pas eu la présomption de se croire un petit Napoléon? Préserver d'abord les passages des Alpes, garder avant tout la porte, et, comme elle était vermoulue, l'étayer formidablement. Le lendemain de Caporetto prouva que Cadorna avait eu raison. A peine, en effet, les Autrichiens eurent-ils franchi à l'est le Tagliamento, et se furent-ils précipités pour passer le Piave, qu'ils se ruèrent au nord par le val Sugana pour, comme il y avait cent ans, déboucher à Bassano, dernier boulevard que tenait Cadorna, sans un Massena pour le seconder. « Le Grappa est ma patrie ! » chante-t-on depuis ce jour en Italie. Le Grappa sauva l'Italie, en effet. Il commande, au nord de Bassano, le débouché du val Sugana. Armé formidablement en quelques jours, il arrêta l'ennemi, et permit le rétablissement sur le Piave, lui et toute l'armature des Sette Comuni jusqu'au Pasubio, forgée par Cadorna pour barrer la vieille route d'invasion qui, franchie, livrait avec elle toute l'Italie.

J'ai vu, pendant la guerre, ce Grappa et ces Sette Comuni. Du haut du Grappa, par les meurtrières des canons, j'ai vu la vallée tragique où l'ennemi se préparait au dernier effort; en vain j'y souhaitais quelque nouveau Massena tombant à l'improviste sur les derrières de l'Allemand. Qui montera, comme je le fis, au haut du Grappa, verra d'abord au midi la plaine vénitienne dans sa plus vaste splendeur, et le spectacle vaut à lui seul l'ascension. Il comprendra aussi le rôle capital de la vallée de la Brenta dans toute guerre italienne, son rôle fatal, par conséquent, si elle est en des mains non italiennes. A Asiago, à Arsiero, où j'allai aussi, du moins sur les monts qui les dominent au sud, car, en 1917, on ne pouvait guère descendre au val d'Assa ni au val d'Astico, les deux villes étant abandonnées par les deux partis, au-dessus d'Asiago et d'Arsiero j'ai pu me rendre compte de la force à peu près irrésistible de celui qui tient les Alpes supérieures. Qui montera aux Sette Comuni complétera l'enseignement pris au Grappa. Les campagnes de 1796-97 et de 1915-1918 s'éclairent aussitôt, en même temps et l'une par l'autre. On comprend le danger, la manœuvre, l'angoisse de Cadorna, sa prévision, si juste, et le succès de ses soins — succès malheureusement effacé par l'immensité du désastre. L'histoire rétablira les événements dans leur réalité, et les remettra à leur plan. Elle dira toujours que Caporetto ne fut qu'un accident; et s'il ne fut que cela, on le doit à la puissante défense inlassablement préparée au front des Alpes, de Bellune à Rovereto, par Cadorna. Sa prévoyance, sa connaissance de l'histoire et l'efficacité de ses travaux l'emporteront toujours dans notre jugement sur son manque de divination d'une panique demeurée incompréhensible encore aujourd'hui, et dont les causes, lorsqu'elles seront connues, ne pourront que justifier un peu plus le chef prévoyant et instruit des leçons du passé. En bon Latin, ne doit-il pas, maintenant, interpeller chaque jour, dans sa retraite, comme faisait Virgile, les abeilles?...

DA PONTE ET Cie FILS ET SUCCESSEURS

Bassano.

JE suis bien content d'avoir pensé hier soir à Napoléon....
Me voilà libre aujourd'hui de ne penser à rien, ou du
moins à rien d'autre que Bassano toute seule, son
paysage et son art.

La Bassano que je retrouve après deux années ne ressemble guère à celle que je vis en 1918, submergée de
soldats, grouillante de camions, son pont couvert, le
fameux pont de bois, tout garni de claies afin de dissi-
muler le trafic au regard de l'ennemi posté sur les montagnes de la Brenta. Je me revois dévalant les rues de la
petite ville, arrivant à une terrasse qui domine le fleuve,
regardant de là le paysage de la vallée et scrutant
l'horizon des Colli Alti. L'aimable et docte officier qui me
conduisait, faisait défiler sous son doigt précis les sommets et les gorges, indiquait les positions des armées, et
les noms d'Asiago, de Feltre, de val Sugana, d'Asalone
et de Grappa voltigeaient aisément sur ses lèvres savantes.
Je l'écoutais avec soin — et peut-être serais-je bientôt
devenu aussi savant que lui si un autre souci ne m'avait

tenu, celui de ne rien perdre du spectacle qui, en dépit du carnage, s'étalait sous mes yeux. Il est bien difficile, quelles que soient les circonstances, de faire abstraction de la beauté, et celle de Bassano rivalise avec la plus captivante. En cette Italie que je crois commencer à bien connaître, j'ai vu peu de lieux aussi généreux que celui-là.

Venu du sud, il y a trois ans, je fus ébloui par l'aspect de ces montagnes rondes fermant l'horizon d'une plaine riche de toutes les moissons. Aujourd'hui, j'arrive du nord, ayant suivi le cours de la Brenta par Feltre où j'ai quitté la vallée du Piave, et par Primolano où j'ai rejoint la Brenta sortant du val Sugana. Feltre ne se recommande guère que par sa pittoresque posture et ses murs à pic sur la vallée ; Primolano, dans son fond, n'est qu'un village. Mais quel magnifique paysage, presque tragique par sa violence tourmentée ! La Brenta étend son lit entre deux formidables murailles précipitées où il y a tout juste place pour elle, le chemin de fer et la route. Elle gronde sur ses cailloux, et se hâte vers la plaine où Bassano l'attend, Bassano que je découvre une seconde fois, bien changée dans ses êtres aujourd'hui tout civils, mais immuable dans son aspect de puissance, de fraîcheur et de grâce. Elle s'est assise sur la dernière ramification des montagnes, au-dessus du fleuve qu'elle descend border bientôt. Tout autour d'elle, ce sont les beaux jardins du Veneto, les routes ombrées aux ruisseaux rapides, les haies fermant les villas couvertes de plantes grimpantes. Et ces villas s'étendent jusqu'à la ville même qu'elles ceinturent en partie, quelques-unes piquées au-dessus de la Brenta dont elles regardent, au nord, le cours tumultueux, le cours paresseux dans la plaine méridionale. Le pont de bois, les claies militaires arrachées, est ouvert sur l'horizon, et je revois au flanc du Grappa les lacets de la route que j'ai gravie il y a deux ans, cette route audacieuse par où montaient, à mesure qu'on la traçait, les canons qui sauvèrent l'Italie, cette route de défi où, à chaque virage, je me disais : cette fois, c'est la culbute, et ce sera bien fait; il ne fallait pas y aller! Paternel Grappa! Il rit à mon retour, il rit gentiment. Peut-être ne voit-il pas mon sourire protecteur d'aujourd'hui? A moins qu'il ne soit philosophe. Il l'est sûrement pour avoir souffert les terrassiers sur ses flancs, pour avoir supporté l'officier du génie surnommé le Moïse du Grappa, qui perça la dernière croupe de part en part, plusieurs kilomètres de galeries où l'on amena les canons dirigés aussitôt sur le Valstagna et sur Primolano.

Tout cela me revient, avec le désir de remonter encore une fois jusqu'en haut du Grappa, comme si la route de la paix ne ressemblait pas à celle de la guerre; le désir aussi de revoir, du côté de Crespano, au pied même du monstrueux Grappa, l'emplacement de la non moins monstrueuse pièce d'artillerie lourde sur ses assises de pierre et de fer, commandée par un tout petit lieutenant à monocle, qui en semblait l'impressionnant dompteur, et qui fit rugir la bête en mon honneur, rugir de son obus lancé par-dessus les deux mille mètres de la montagne; le désir enfin de monter à Romano d'où descendit un jour Ezzelino, Romano toute feuillue autour de son donjon ruiné, et de pousser jusqu'à Passagno où naquit Canova. A quoi bon! Je garderai du Grappa un souvenir guerrier. Il n'y a pas mieux.... Et pour Passagno, c'est plus simple encore. Le musée Canova est détruit; ce qu'on en a sauvé n'a pas encore été rapporté.

Mais n'est-il pas agréable d'apprendre que c'est Poilu, Poilu soldat de 2ᵉ classe, qui a sauvé Canova? Possagno se trouvait dans le secteur français. M. Ugo Ojetti, l'écrivain bien connu, chargé du sauvetage des œuvres d'art sur tout le front italien, et dont on ne célébrera jamais assez l'activité, le dévouement et la sagacité, Ugo Ojetti demanda l'aide de ses amis français pour emporter les moulages qui composent la presque totalité du musée de Possagno. Et il me disait, dernièrement, la stupéfaction de Poilu en train d'emporter Washington, et sur le point de jeter par terre, au moyen de cet Américain, une statue d'un grand gaillard tout nu, sa stupéfaction d'entendre Ugo Ojetti s'écrier : « Attention à Napoléon! » Il n'en revenait pas, Poilu. Ce Napoléon tout nu, celui de Brera et dont le plâtre original est à Rome dans l'ancien palais Bonaparte, parut à Poilu bien jovial : « Ben! mon colon! » Quelques jours après, le musée Canova s'effondrait. Que ferais-je à voir cette ruine lamentable?

Bassano, elle du moins, a relevé la plupart de ses ruines. La ville est nettoyée; elle a hâte de reprendre sa vie laborieuse. Elle y parvient, et la joie est grande de la voir revenir ainsi aux mœurs aimables, elle qui fut si vide, inerte et retentissant du seul canon. Je suis monté sur la pointe de la colline, là où se dresse le vieux château habité autrefois par Ezzelino et qui, si démembré qu'il soit, reste encore nettement dessiné dans son enceinte, ville plus que château avec ses nombreuses maisons qui indiquent bien ce qu'étaient ces forteresses où le podestat, condottiere ou seigneur, devait ne compter que sur lui-même et ses troupes : fonction fructueuse mais instable; il fallait réunir autour de soi toutes les ressources de l'existence afin de « tenir » jusqu'à la fin de l'émeute éteinte ou matée. De la terrasse j'ai contemplé une dernière fois la Brenta et ses monts, mêlant toujours dans mon esprit les deux aspects, celui de la nature et celui de la guerre. En vain, je cherche à les séparer. Bassano restera toujours dans mon esprit, dès que j'en regarderai la campagne et donc sa raison d'être, la Bassano triomphale du Grappa et du val Sugana. Quelles heures elle dut vivre en ce novembre 1917 où, au lendemain de Caporetto, sur le Grappa, se jouait le sort de la patrie! Elle pouvait suivre une à une les phases de la lutte, voir tirer les canons et courir les alpins, entendre les grondements des batteries ennemies portés par les flots de la Brenta, et que la montagne répercutait à l'infini. Bassano a vécu en ces jours d'angoisse des heures héroïques inoubliables. Pourquoi, sa netteté d'aujourd'hui, sa coquetterie à effacer rapidement toute trace des heures effroyables, ne puis-je m'empêcher de les interpréter comme une charmante pudeur en même temps qu'une résolution pleine de juste confiance? Ce n'est pas en vain qu'une ville siège au milieu d'une noble nature, devant un paysage majestueux et exaltant. Peu à peu son âme se forme à l'image d'alentour. De si riches moissons valent qu'on les défende, aussi. Et le cœur des citoyens tend à égaler les fertiles campagnes, comme à les garder et à en jouir. Bassano n'a pas bronché sous la menace prochaine; sauvée, elle est l'une des premières à repartir vers de nouveaux destins.

*
* *

Et pourtant, si Bassano songe à ce qu'elle fut, du temps d'Ezzelino, quel ne serait pas son droit à la mélancolie, à la plainte! Elle avait longtemps résisté à sa voisine Vicence, et un fort sentiment civique était né de cette résistance. A la fin du xII^e siècle, elle cède enfin, se soumet, mais garde au cœur le souvenir des heureux jours de liberté. Et lorsque les Onara de Romano descendent de leur tanière, Bassano leur prête son appui, à charge de revanche. L'Ezzelino dont les crimes sont restés célèbres dans l'histoire n'était que le troisième de ce nom. Le premier, dit le Bègue, bataillа à la croisade et contre Barberousse, lors de la ligue lombarde. Le second, dit le Moine, arrache Bassano à la maîtrise de Vicence dont l'évêque lui abandonne ses droits. Le troisième dédaigne Bassano qu'il laisse à son frère Albéric, s'empare de Vicence et part pour Padoue où il va susciter les clameurs de toute l'Italie, clameurs qu'interprétera le farouche saint Antoine bien déchu lui aussi, depuis qu'il est préposé à la recherche des objets perdus. Qu'allait faire Ezzelino à Padoue? Ce qu'Albéric faisait à Bassano. Et c'est toujours la vieille histoire. Les villes opprimées par les descendants des féodaux, seigneurs impériaux ou ecclésiastiques, appellent des fiers-à-bras pour organiser leur défense. Ezzelino cherchait fortune; on la lui offre à Padoue. Et, comme tous ses confrères, il devient pire que les seigneurs qu'il a matés. Padoue finit par l'assassiner. Par la même occasion les Guelfes tuent Albéric dans son château de San Zenone près Bassano. Voilà Bassano sans protecteur. Par crainte de Vicence, elle se donne à Padoue : nous connaissons cela aussi. Vicence proteste, reprend Bassano : Padoue la lui arrache, puis Can Grande de Vérone, Padoue encore, Milan un beau jour — et c'est la phase des podestats qui, lorsqu'ils ne sont pas assassinés comme le sont les Onara, deviennent princes et se constituent des États.

Bassano finit comme à peu près toutes les villes de ce nord italien : lasse d'être ainsi disputée, elle se donne à Venise, en 1404. Venise la gardera désormais, en sachant le prix que 1918 nous enseigne aussi. Bassano se rappelle encore avec orgueil que les soldats de Maximilien ne purent jamais, bien que la ville fût aux mains des Impériaux, franchir la montagne que les Bassans occupaient et qu'ils avaient fortifiée de pierres toutes prêtes à rouler dans la vallée. En 1509, en 1514, cette fois dans le val Stagna, elle fut encore victorieuse des Allemands. Le Grappa de 1918 ne l'a donc pas surprise.

Mais que vais-je rappeler là ? Ce Grappa n'est-il pas assez beau pour suffire à l'histoire d'une petite ville ? C'est que je pense à ce que j'écrivais hier, de Bellune, sur les cités qui luttèrent pour leur indépendance aux époques fertiles, et celles qui, au contraire, comme Bellune, ne connurent jamais que la servitude. Bassano, à passer de main en main pendant plus de deux cents ans, et à se défendre, prit une conscience civique qui développa ses forces et son génie. La personnalité politique entraîne la fécondité et l'originalité artistique qui ne peuvent se montrer dans une ville subjuguée dès la première heure. Grâce aux Onara, Bassano prit conscience d'elle-même; lorsque Venise vint, elle trouva un terrain depuis longtemps fructueux qu'elle ne pouvait que fertiliser encore plus.

Il faut prendre garde, toutefois, de croire la Bassano physique d'autrefois pareille à celle d'aujourd'hui. Les hommes et les désastres la frappèrent trop souvent; il fallut trop fréquemment relever pour qu'il puisse rester beaucoup. Le palais Pretorio, par exemple, l'un des plus riches en peinture que montrât l'Italie, fut brûlé en 1627. Les murailles qui descendaient jusque dans la Brenta, n'existent plus. L'église du château d'Ezzelino est devenue un magasin. San Pancrazio a cédé la place à un couvent. San Donato, la Trinité, San Giorgio, cinq autres encore, situées hors les murs, sont démolis à peu près, dépouillés en tout cas. Et ce sont San Bernardino au Mantegna fameux, San Vittore, Santa Catarina, et six autres à l'intérieur des murs, qui ont à peu près disparu. Dans la vieille Bassano et aux environs, on ne trouve intactes que bien peu des nombreuses villas des riches Vénitiens qui venaient ici chercher la fraîcheur des montagnes et des eaux vives : Ca' Priuli, Ca' Erizzo, Ca' Michiel, Ca' Angaran, Ca' Corner, Ca' Dolfin, Ca' Capello, et la plus belle, heureusement-demeurée à peu près intacte, grâce à sa parenté pontificale, Ca' Rezzonico bâtie par le neveu de Clément VII sous la devise policée : « Musis et amicis ».

A Bassano nous ne foulerions donc que des souvenirs, si nous n'y rencontrions ce qui subsiste dans toute ville ayant connu, au moment propice, une heure de liberté, d'indépendance. Bassano se glorifie d'une école et d'un peintre. L'école de gravure devint célèbre à la fin du xviiie siècle avec Volpato, le maître de Raphaël Morgen et de Fontana. Le peintre, on l'a déjà nommé, j'oserai même dire qu'on l'attend : c'est le Bassan.

Le peintre? Les peintres, faut-il dire, car c'est une famille; mieux, une lignée; mieux encore, une dynastie; pis, une firme. Par fortune, Bassano a conservé un grand nombre de leurs œuvres, bien qu'ils aient tôt émigré à Venise, ainsi qu'il se doit en pays conquis et en affaires bien conduites. On les trouve au musée et dans les églises. Mais que devient avec eux l'idée que j'exprimais sur les artistes favorisés par l'indépendance ou du moins le particularisme civique? Lorsque apparaissent les Da Ponte, il y a soixante-dix ans que Venise tient Bassano, mais Francesco Da Ponte, le premier de la famille, ne naquit pas en phénomène. Depuis longtemps, il existait à Bassano non pas une école, ce serait trop dire, mais des peintres. Vicence et Padoue, cette dernière surtout et bien entendu, exercent sur ces peintres une grande influence; mais enfin ils existent. Leurs noms? On les ignore. Leurs œuvres ne seraient-elles pas dès lors l'œuvre de Vicentins et de Padouans? Ne tenant pas du tout à une école bassane, je le veux bien; il ne reste pas moins qu'on vit, à Bassano, une certaine activité artistique se déployer, ne fût-ce que d'intérêt et de curiosité. Un courant se forme d'où l'artiste émerge un beau matin. Comme Bellune, d'ailleurs, Bassano aurait pu ne rien offrir du tout, ayant disparu, au point de vue politique, lors de l'époque féconde. Et Venise revendiquerait son art. Et cependant, elle donne Francesco Da Ponte, responsable manifestement de toute la descendance, et qui est bien à elle, à elle seule. Francesco en est le produit original et direct, dernier fruit des lustres écoulés lorsque peintres et amateurs prospéraient à l'ombre des Ezzelini.

La famille venait de Gallio, aux Sette Comuni, au nord d'Asiago. Elle habitait, à Bassano, auprès du pont, d'où le nom pris par Francesco lorsque sa renommée l'obligea à se distinguer. On trouve de ses œuvres au musée, des vierges et des saints. Les sujets sont traités sous la forme conventionnelle en usage. Aucun effort pour se dégager, pour interpréter originalement. En revanche, le paysage offre plus de recherche. Quand on vit à Bassano, peut-on ne pas sentir la nature? Francesco soigne ses paysages,

caresse leur lumière, et l'air pur, transparent des montagnes a été très finement rendu par lui.

Francesco a un fils, Jacopo, à qui il cède ses pinceaux
en 1539. Jacopo est le véritable fondateur de la maison,
de la « ditta ». Il fut le premier à quitter Bassano pour
Venise, sans abandonner toutefois sa ville natale où il
faisait de fréquents séjours. Il se distingue avant tout par
sa manière de traiter les sujets. Son père restait dans la
convention. Jacopo s'en dégage après avoir subi l'influence
de tous les Vénitiens tour à tour, et même des graveurs
allemands grâce à l'école de gravure de sa patrie. De sa
jeunesse, on trouve au musée de Bassano cinq œuvres,
dont une *Fuite en Égypte* et le portrait du doge Sorano.
C'est du vénitien tout pur. De tous les Vénitiens, cependant, celui qui le frappe le plus et finit peut-être par lui
inspirer sa seconde manière, c'est certainement Pordenone qui meurt l'année même où Jacopo succède à son
père. Le réalisme de Jacopo peut procéder de celui de
Pordenone. Mais ce qui est bien à lui, c'est l'introduction
dans l'art de scènes de la ville et des champs, de scènes
domestiques ou villageoises. Il rejoint par là directement
les Flamands qu'il développe, agrandit — je ne dis pas :
grandit — au tableau décoratif; il jette enfin dans la vie
les légendes profanes ou sacrées. Mais ne voit-on pas, à
Florence, toute une pléiade, antérieure, pour qui les
scènes saintes ne semblent que prétexte à scènes popu-
laires? Prenons garde qu'entre elle et Jacopo Da Ponte
il y a antithèse. Ghirlandaio, Filippo Lippi et tous les
autres élevaient la réalité au niveau divin; ils se ser-
vaient de la vie pour rehausser, renouveler un peu les
sujets sacrés. Jacopo, au contraire, ramène au niveau
humain les événements divins. Il fait de la naissance

du Christ la naissance d'un petit paysan, et du Baptiste
une sorte de camelot. Il invente enfin une certaine
touche pleine de relief; ses oppositions d'ombre et
de lumière sont célèbres et ont fait école ; chez lui,
cependant, elles ont un grand défaut, leur arbitraire. On
connaît aussi son vert émeraude qui suscite encore
aujourd'hui bien des envieux.

Jacopo meurt en 1592, à Bassano. Il laisse à ses quatre
fils la suite de ses affaires. Deux fabriques, l'une à Bassano, l'autre à Venise. La plus achalandée est celle de
Venise, bien entendu ; à Bassano, on reproduit principalement les modèles de Venise. Les directeurs de ces travaux sont Girolamo et Battista. L'atelier de Venise est
dirigé par l'aîné des quatre frères, Francesco, qui a pour
aide Leandro. Le père Jacopo y a travaillé aussi. Lorsque
Francesco II est chargé de décorer le palais ducal, Jacopo
lui donne des coups de main. De cette collaboration à
trois, le père et ses deux enfants, le palais ducal est plein.
Si on veut en faire honneur au seul Francesco II, on lui
reconnaîtra moins de finesse qu'à son père Jacopo, plus
de négligence dans le dessin, une recherche plus vaine-
ment poursuivie des contrastes de lumière. Il meurt
quelques mois après son père; il se jette par la fenêtre au
cours d'un accès de neurasthénie. Surmenage ou déses-
poir de ne pas atteindre à la maîtrise paternelle? Le premier, vraisemblablement. La maison était lourde à porter.
Francesco II succombe à la besogne. Et il s'en va, laissant
à son frère Leandro le soin de continuer les affaires.

Leandro est âgé de vingt-cinq ans. Il jouit d'une grande
ardeur; il se sent surtout de grands besoins. La maison
est bien achalandée, la clientèle nombreuse et riche.
Travaillons! Amusons-nous aussi! Leandro mène grand

train. Le doge Grimani le nomme chevalier. Il étend ses affaires et entreprend l'exportation. Titien, Veronese viennent de mourir. Tintoret ne fait que pointer. Le moment est favorable. Les commandes affluent. Leandro ne craint pas les voyages pour en récolter. Il se rend en Allemagne, en Bohême, et ses portraits ont la vogue. Ses œuvres se rencontrent partout. En dehors de Bassano et de Venise, on les trouve à Vicence, à Padoue, à Naples, à Cracovie et à Stockholm. Son œuvre capitale est à Venise, au palais des Doges : *La rencontre du doge Ziani et du pape Alexandre III*; l'un des porteurs du dais le représente. Son art? Il n'a guère le temps de s'en créer un. Il se contente d'exploiter les brevets de son père et de son frère, maladroitement bien entendu. Ce qui était chez les autres l'accessoire devient le principal : il est aussi conventionnel que son grand-père, mais dans l'autre sens. Le réalisme n'est plus chez lui qu'une formule facile. Pas de sentiment, figures par conséquent insignifiantes; et la lourdeur de sa palette accuse nettement la hâte de plaquer la couleur, et allez-donc! Ce sera toujours assez bon pour eux! Leandro meurt en 1622, surmené lui aussi comme son frère, un peu fou dit-on.

L'entreprise ne périclite pas pour si peu. Les quatre frères ont laissé chacun des enfants qui se mettent en société indivise. Cela tourne à l'entreprise de peinture. La commerciale Venise a agi efficacement. On vend de la peinture comme des épices et des vins. Et on prend des associés. On fonde même des filiales et des succursales. De celles-ci nous trouvons jusqu'en Espagne : Greco en est sorti.

La maison-mère de Bassano vit toujours, cependant. Peut-être même est-ce là qu'on travaille le plus, usine où

l'on distingue encore par leurs noms les ouvriers Apol-
lonio, Dordi, Goffre, Nicoli, Volpato, Menarolo, Bema-
doni, Trivellini et une femme, Piera Mante. Tout ça
besogne à la grosse, reproduit surtout les œuvres de
Venise à la douzaine, pour les amateurs et les « nouveaux
riches »; il y en eût de tout temps, Bassano, d'ailleurs,
la ville elle-même, consommait beaucoup. J'ai parlé tout
à l'heure des nombreuses églises détruites. Une vingtaine
au moins. Une affaire aussi bien montée que la Da Ponte
et Cie devait s'en emparer. Elle n'y manqua pas. Nous
voyons les restes de sa production au musée.

Il y eut concurrence pourtant, c'était fatal. A cette
époque Bassano compte une bonne douzaine de peintres-
entrepreneurs, et qui, — il faut bien offrir autre chose
que le rival, — imitait les peintres des autres écoles
d'Italie. Que pouvaient-ils faire de plus, si l'on estime que,
à la base du simple talent, il faut toujours une personnalité, si mince qu'elle soit?

Suis-je trop sévère? Je ne crois pas. La succession et
la collaboration en elles-mêmes ne sont pas blâmables;
les Robbia et les Canaletti sont là pour nous dire qu'elles
peuvent rester dignes de l'art. Mais on ne peut accepter
cette exploitation purement commerciale. Chez les Robbia
et chez les Canaletti-Bellotto on s'efforce au mieux, au
nouveau même. Le nom est une aide et non pas une
marque de fabrique. On s'inspire, on ne copie pas, on
ne délaie pas. Il n'y a qu'un Bassan au fond, Jacopo; si
l'on en veut deux nous adjoindrons à Jacopo son père
Francesco. Les autres n'ont jamais fait que présenter sous
mille aspects les procédés inventés par Jacopo, les tournant et retournant en tous sens, les avilissant par conséquent. Ils gâtent les quelques qualités incontestables

dont Jacopo a laissé la formule, mais non pas le secret.
Car un secret ne s'enseigne pas. On a le don ou on ne l'a
pas. Et l'application, l'industrie surtout n'y peuvent rien.

A quoi bon détailler maintenant? Chacun peut voir les
résultats de l'œuvre dapontienne au musée de Bassano,
à Venise encore plus. Et je voudrais bien conduire ici
nombre de peintres d'aujourd'hui. Le vieux Francesco
apparaîtrait le plus touchant, cet honnête homme sans
génie, certes, mais de bonne volonté, qui a fait son possible pour échapper à son maître Montagna, et y a réussi
en partie en se composant une palette lumineuse, transpa-
rente, fine. Il avait regardé la nature aussi. Jacopo, cependant, est le vrai talent de la famille. Celui-là a inventé.
Son réalisme fut une grande et hardie nouveauté, même
après Pordenone. Et je sens que je lui serais plus indul-
gent s'il n'y avait pas son atelier où ses frères, ses enfants
et ses aides travaillaient tous au même tableau tour à
tour, peut-être aussi en même temps. Jacopo inventa du
moins la division du travail dont on connaît la fortune
dans l'industrie. La maison Da Ponte et Cⁱᵉ, commission,
exportation, jouit longtemps d'une honorable renommée.
Ses produits étaient estimés et ils valaient leur prix. Elle
ne trompa jamais sur la marchandise vendue. C'est
quelque chose, si l'art n'a vraiment rien à y voir. Ce n'est
pas beaucoup, évidemment, que les Da Ponte, mais c'est
du moins quelque chose. Et d'autres villes, comme Bellune et Trévise, n'en montrent pas autant. Ezzelino ne fut
pas qu'un sacripant.

X

POUR LES PHILISTINS

JE connais quelqu'un que je n'aurais pu décider à
m'accompagner aujourd'hui. Cet automobiliste a la
voiture facile, sous condition que l'on bouffera des kilomètres, comme on dit. Si encore il consentait à les bouffer
en rond, on pourrait s'arranger. Il ne les admet qu'en
long. Tourner autour d'un point, explorer l'horizon circu-
lairement échappent à sa volupté. Il-lui faut franchir des
degrés; latitude ou longitude, ça lui est égal; pourvu
qu'on franchisse, la vie reste belle. Et je viens aujour-
d'hui de couvrir plus de cent kilomètres pour m'arrêter à
trente de Bassano d'où je suis parti. Mon gaillard n'y com-
prendrait rien. A quoi bon une automobile si l'on n'avance
pas? Ne lui dites pas que, pour les voyages en ligne
droite, les chemins de fer touchent à la perfection. La
« ferrovia » permet-elle de rouler tenant en main un petit
cadran où se décompte la vitesse réalisée? Oui, mais si
la rapidité ne vous donne pas satisfaction, vous n'avez
pas la ressource de vous pencher à la portière pour cou-

vrir le chauffeur de malédictions mêlées de prières. Et
tout est là : régler le train de la machine, le régler à sa
guise et arriver toujours plus loin. Où cela? Plus loin,
n'importe où, pourvu que la nuit vous surprenne courant
toujours. Et recommencer le lendemain, dès le potron-
minet. Selon cette méthode, mon bouffeur a visité l'Italie
qu'il se vante de posséder. Il m'a avoué, cependant,
n'être entré dans aucun musée. Me trouvant en sa compa-
gnie de Venise à Milan, trajet qu'il se flattait d'avoir
accompli, j'ai appris, à mesure que nous passions, qu'il
ne s'était arrêté ni à Padoue, ni à Vicence, ni à Vérone.
Dépêchons-nous! Il nous faut tant de degrés au tableau,
lorsque se lèvera la lune. Cela s'appelle connaître un
pays, paraît-il. J'y consens, mais ce n'est pas ma façon.
Bon voyage, bon appétit, Monsieur le bouffeur! J'ai
mangé une fois à votre table. Vous ne m'y reprendrez
plus. Quelles nausées!

De Bassano à Trévise, j'ai donc flâné. Savoir flâner
est la première condition à s'imposer, si l'on ne veut pas
saboter un voyage. En Italie surtout où se lèvent devant
chacun de vos pas les plus inattendues merveilles. Et si
elles ne sont pas inattendues, on n'en est que plus heureux de revoir des beautés dont, puisque c'est la beauté,
dont on ne se lasse pas. Je n'ai jamais été, depuis mon
départ, aussi heureux qu'aujourd'hui. D'abord parce que
je pensais à mon bonhomme qui en aurait crevé de rage,
et ça fait toujours plaisir de prêter de la rage à un sot;
ensuite parce que j'ai revu deux ou trois lieux dont je
gardais une précieuse mémoire, les uns vus avant la
guerre, et qui figurent dans mes *Quinze jours à Venise*,
comme Castelfranco, Maser et Fanzolo, les autres pendant
la guerre, et dont je ne pouvais alors, l'esprit ailleurs,

remarquer convenablement les attraits : le Montello, Montebelluna, Galliera, Cittadella, Trévise enfin.

Maser a marqué aujourd'hui ma première étape. En 1918, du haut du Montello où me conduisait le général commandant le secteur de cette partie du Piave, j'avais aperçu la tache blanche de l'enivrante villa. A six ou huit kilomètres seulement de la ligne du Piave, sur l'autre rive duquel on pouvait nettement distinguer les emplacements ennemis de Valdobiadene, — il y avait même des batteries au mont Tomba, sur la rive droite, juste au-dessus de Maser — la villa Maser offrait une cible inévitable, pleine d'attrait. Intacte encore. Mais demain, ce soir, à l'instant? Un pont, celui de Vidor, relie les deux rives; en une heure il pouvait être pris et franchi; et Maser tombait dans les brutales et vengeresses mains. Elle avait couru cependant un autre danger que j'ignorais alors, et que mon ami Ugo Ojetti a spécifié depuis. Maser, si vous m'avez suivi à Venise, vous savez ce que c'est. Une villa construite par Palladio et décorée, dans toutes ses chambres, une douzaine, par Veronese. Dans la salle centrale, des scènes mythologiques d'une fantaisie pleine d'esprit, d'une fraîcheur stupéfiante. Dans les chambres, des paysages qui me firent et me font toujours croire que Piranèse les avait vus et s'en était nourri. Or, l'administration, la Minerva, apprenant l'avance autrichienne après Caporetto, et voyant l'ennemi devant Vidor, donna l'ordre de détacher toutes ces fresques, c'est-à-dire d'enlever la surface du mur qui les portait. On avait négligé de le faire à Nervesa où la villa Soderini aux Tiepolo magnifiques s'est écroulée sous les obus, réduisant Tiepolo en poussière, comme aux Scalzi. De même la villa de Collalto, près de Susegana, et ses Pordenone, celle de San Dona et ses Veronese. La ligne du Piave était fatale aux villas qui le bordaient. Allait-on laisser frapper Maser, la plus belle de toutes, dont la situation à six kilomètres du fleuve ne rendait pas la destinée moins périlleuse? Heureusement l'ordre donné ne fut pas exécuté. L'opération faite sous le canon ennemi, avec la hâte et la fébrilité fatales en ces circonstances, eût été vraisemblablement désastreuse, et pour la peinture et pour le monument. Et puis il y avait l'église de Palladio. On ne pouvait la « détacher », celle-là. Une intervention habile réussit à faire décider de courir la chance pour l'œuvre tout entière, pour la collaboration Palladio-Veronese.

J'ai revu Maser toute rajeunie par sa joie d'avoir échappé au double péril. Du haut des terrasses, je regarde le Montello où je me vois dans l'observatoire du général, et le long de la route camouflée d'où je scrute à la lorgnette les rives du Piave et le pont de Vidor. Voici le paysage retourné dans l'air sans canon, et voici l'adorable Tempio de Palladio, le plus minutieux joyau, un Cellini, sorti des mains puissantes de celui qui éleva la basilique de Vicence et San Giorgio Maggiore de Venise. Le canon a causé, d'ailleurs, peu de ruines par ici. L'attaque italienne d'octobre 1918 fut si violente qu'elle ne laissa pas le temps aux Autrichiens de riposter. Le Piave fut tôt nettoyé et passé. Mon général du Montello a bien travaillé. Gloire à lui à qui nous devons la conservation des Veronese de la villa Maser, et la villa elle-même! OEuvre capitale de grands Vénitiens, Maser effondrée eût été l'un des plus tristes désastres artistiques de la guerre. J'en parcours les âtres avec une émotion ravivée par le péril couru. Les dieux à table, Jupiter irréprochable maître de maison, Vénus incorrigible

galante, Diane et son chien rêvant aux fourrés giboyeux,
je leur prête mon bonheur, et je me promène dans les
paysages des chambres comme dans un vieux parc
retrouvé, où mon enfance se serait ébattue.

J'ai voulu revoir aussi le Montello, du moins ses
approches. C'est que, à ses pieds, s'élève Montebelluna.
Je l'avais traversée en trombe pendant la guerre. Elle
n'offre rien de particulier que ses murailles, enceinte
puissante, toutes rouges, comme incendiées. Elles sont
trois, en ce Veneto septentrional, qui se ressemblent
comme des sœurs, Montebelluna, Cittadella et Castelfranco, trois citadelles aux beaux murs piqués de hautes
tours. Il n'y a pas que les œuvres d'art qui rendent belle
et chère une ville un jour aperçue. Il y a, d'abord, ce que
nous mêlons de notre vie à sa rencontre, et, si le souvenir est précieux, le lieu devient aussitôt digne de tendresse. Il y a surtout la silhouette même de la ville, ses
lignes premières, son aspect que composent la montagne
et la plaine prochaines, et tel détail, insignifiant peut-
être, mais si juste dans l'ambiance, qu'il frappe à l'égal
des plus relevés. Montebelluna sous le Montello et commandant à la grande plaine vénitienne, jouit d'une allure
imposante inoubliable.

Autour d'elle et de ses sœurs, je rassemble, pour les
magnifier, toute la campagne vénitienne qui est bien
l'une des plus riantes où l'on puisse errer. Lorsque je la
voyais du haut du Montello, ce n'étaient que frondaisons,
à croire me trouver au seuil d'une immense forêt. Dans
cette plaine infinie où les plus profondes dépressions
sont les caniveaux, l'eau court partout en ruisseaux cana-
lisés le long des routes innombrables. On roule au mur-
mure du ruisseau, sous un dôme de platanes touffus,

tandis que, à droite et à gauche, les champs portent
toutes les récoltes à la fois. Arbres de route, arbres frui-
tiers, arbres des parcs, tout se mêle et moutonne sous
le vent accouru des Alpes ou de la mer. Les villas se
succèdent tout le long du chemin, closes de haies fleuries. De temps en temps, un village, avec son clocher si
pointu qu'il ressemble à un crayon fiché. Et l'eau chante
accompagnant les oiseaux, et les troupeaux luisants et
gras mugissent comme ils peuvent, repus, et les conta-
dini s'en vont à la ville, poussant leur âne replet. La vie
est douce en ce Veneto verdoyant. Ce n'est pas, certes,
la luxuriance campanienne. Rien ici de cette grandeur,
de cette majesté qui réclament toujours une certaine
rudesse, un peu d'âpreté. C'est doux, seulement, infini-
ment doux, reposé, frais, tendre et charmant. De Montebelluna à Cittadella, puis à Castelfranco et à Trévise, je
viens de courir sur ces routes rebelles au grand soleil,
de tourner, virer dans tous les sens des chemins se coupant, aussi nombreux ici que ceux tracés sur les cartes
en petites lignes bleues qui indiquent les marais. La route
est un signe de fécondité, irréfutable ; là où passent des
routes, grandissent les moissons. Plus il y a des premières, plus des secondes. La terre divisée suffit à de
nombreux propriétaires qui ont besoin d'accès. Le Veneto
doit être très morcelé, et les chemins aux haies épaisses,
aux platanes étalés sont sillonnés de charrettes que conduisent femmes au fichu rouge et jaune, enfants dévêtus,
non par misère, mais pour le plaisir.

Près de Castelfranco, j'ai revu la villa Emo de Fanzolo ;
j'y vins autrefois de Venise en même temps qu'à Maser.
Elle n'a couru aucun danger. Elle est toujours là, devant
son grand parc coupé d'une longue allée à la française,

et ses salons ont gardé intacts leurs Veronese moins
purement beaux, peut-être, que ceux de Maser, mais non
moins intéressants, datés qu'ils sont de la jeunesse de
Cagliari que l'on voit ici faire ses premières armes. Une
heure plus tard, près de Cittadella, elle aussi toute rouge
dans ses remparts, je me suis arrêté un instant à la villa
Galliera-Veneta, un imposant château du xviie siècle qui
a appartenu à la duchesse de Galliera dont Paris hérita.
Pendant la guerre un état-major y logeait; j'y vins avant
de monter au Grappa dont on me dit l'ascension impossible : deux heures après j'arrivais en haut, mais n'était-ce
pas sollicitude? Le château, de belles lignes, est vide
aujourd'hui, fenêtres fermées; les parterres fleurissent
avec mélancolie. Comme tant de profiteurs, il doit
regretter le bon temps, s'il en est des châteaux comme
des hommes qui se rongent à ne rien faire. Enfin j'ai tenu
à revoir encore une fois Castelfranco et son royal diamant
enfermé dans un triple écrin : la ville neuve, la vieille
ville ceinturée de remparts, et l'église. Giorgione a
regagné son mur derrière l'autel. On veut bien allumer
toutes les lampes pour me permettre de mieux voir, et
l'œuvre miraculeuse rayonne de nouveau sous mes yeux
ravis. Quelle signification prend aujourd'hui ce saint
Georges dans son armure! Il n'y a pas, on peut l'affirmer,
il n'y a pas, dans toute la peinture, de guerrier qui égale
celui-là. Campé debout la main sur la lance, casque
relevé, tout brillant d'un acier à l'épreuve, Georges garde
le calme de la force suprême qui est celle du bon droit
et de la vertu. Rien ne prévaudra contre cette cuirasse
ni surtout contre ces yeux-là. Une sûreté de soi sans
seconde respire sur ce visage, et se répand alentour. On
sent les pieds vissés au sol; aucun heurt ne pourra ren-

verser cet homme. Et là-haut la Vierge baisse son regard
doucement vers son serviteur et défenseur, confiante dans
la sécurité de ce bras. Que dit donc aujourd'hui cette
allégorie? Qui ne le devine! Jamais Giorgione n'a rien
peint qui fût aussi magistral, par la simplicité et l'intensité, et jamais œuvre ne peut avec plus de vérité exprimer
la pensée qui hante le visiteur. La Latinité s'abandonnait
à ses champions qui ne craignaient personne et, tranquilles en leur armure, attendaient l'heure enfin venue
du châtiment. Les oiseaux peuvent chanter dans les
lierres des remparts, comme je les entendis autrefois. Ils
me disaient alors l'épouvante de l'incendie allumé dans
leurs nids par le soleil faisant flamber, toutes rouges au
couchant, les briques des murailles sous leur manteau.
Aujourd'hui, ce qu'ils chantent, c'est la victoire gagnée
et le retour de Giorgione au foyer paternel, de saint
Georges toujours paisible et ferme au repos, après le
grand labeur, et prêt pour d'autres tâches. Que mon
bouffeur n'est-il là! Je lui ferais voir et il apprendrait
comment on se repose!

*
* *

Et vers le soir, tout doucement, après quelques tours
encore au hasard des routes qui me tentaient par leurs
caprices, par leurs villas sans gloire mais plaisantes sous
les roses, au milieu des lauriers, vers le soir je suis entré
dans la vieille Trévise.

Lorsque, en mai 1918, j'arrivai à Padoue où je devais
être l'hôte du Comando supremo, on me prévint du règle-
ment nocturne. Si la lumière s'éteignait brusquement
pour se rallumer deux minutes plus tard, cela signifiait

que les avions ennemis venaient de passer le Piave. Il
fallait se tenir prêt. Une seconde extinction des feux
accompagnée de l'alarme par clairons et sirènes, signifiait que les avions avaient franchi Trévise : il fallait
descendre dans les caves, Padoue étant dès lors menacée.
Il n'y eut guère de soir où la lampe de mon lit ne cessât
d'éclairer le livre que je lisais. Il n'y en eut pas où je dus
me réfugier au sous-sol. Trévise restait-elle donc si redoutable que les avions ne la dépassaient jamais? Vous vous
en rendrez compte, me dit-on. Et, un beau matin, on me
conduisit à Trévise. Je la vis ainsi pour la première fois
en tenue de guerre. Pauvre ville lamentable, couverte
de plaies béantes, et surtout tragiquement vide de tous
habitants. Pas une âme sous les arcades, sur les chaus-
sées, aux fenêtres, aux balcons. La mort totale d'une ville
évacuée, où seuls quelques camions et quelques autos
mettaient une animation plus sinistre encore. Et dans
quel état ces pauvres vieux murs béants, aux chambres
saccagées, lits pendants, rideaux en loque; les arcades
semblaient fléchir sous les matériaux écroulés; les murs
rouges paraissaient dégouliner de sang! Les ruines de
Trévise ne se pouvaient certes comparer à celles de nos
villes françaises. Trévise subsistait en somme, peut-être
plus affreuse; cependant, par la demi-vie qui la mainte-
nait debout, le corps couturé de mille blessures qu'il faudrait panser. La mort ne soulage pas que le patient. Sous
quelle forme lamentable apparaîtrait-elle alors, ainsi que
ces visages lacérés de cicatrices, la bouche jusqu'aux
oreilles, le nez écrasé, un œil creux, que nous croisons
et croiserons durant toute notre vie, frissonnants de pitié
et de colère? J'emportai de Trévise guerrière un sentiment d'horreur et de rage.

Et je trouve Trévise aujourd'hui rajeunie, ses plaies fermées à peine reconnaissables, et surtout grouillante d'un peuple animé et joyeux. Visitant, dernièrement, les anciennes lignes françaises, je traversai les ruines d'un petit village. La vie y avait repris, sous les toits de carton. Et avisant une vieille affairée autour de ses poulets, je lui dis ma compassion. Et elle me répondit :

— On est bien aise d'être chez soi!

Elle était bien aise! A Trévise aussi, on est bien aise du retour. Diligemment on a réparé et on s'est réinstallé. Çà et là, et souvent, je rencontre une ruine totale : on n'a pas eu le temps de la relever. Du moins l'a-t-on eu de la « ranger », rue dégagée, clôture de planches. Partout, les trous sont bouchés; les fenêtres fermées se sont ouvertes et les arcades ont de nouveau tendu leurs reins. Trévise a repris sa vie de centre provincial où se concentrent les affaires de la région, auxquelles Venise n'offre aucune facilité. Le peuple s'anime sur les places, les hôtels regorgent, je me demande même s'ils ne vont pas me dégorger…. Les vieux canaux du Sile ont repris leur animation civique, l'usine électrique toute ronflante; les maisons qui les bordent retentissent de leurs négoces ou de leur simple vie ménagère. Sous les arcades, les boutiques étalent des devantures bien fournies, et, sur la piazza dei Signori, le café aligne dix rangs de tables occupées.

Par le même miracle qui, à Saint-Quentin, n'a laissé qu'*une seule* maison intacte, et c'est la maison commune, l'hôtel de ville, les palais civiques de Trévise sont indemnes. L'un est le siège de la municipalité, l'autre la Préfecture. Ils se touchent à angle droit, tous deux de même style, de brique rouge, les fenêtres de plein cintre.

Les mêmes créneaux gibelins les surmontent. Le palais
du Trecento est plus massif cependant, les arcades du bas
plus lourdes, les piliers plus larges. La tour de la préfecture ajoute encore à la légèreté de cette dernière. Le peu
de vie municipale dont jouit Trévise fut ici concentré,
comme il s'y concentre encore aujourd'hui : l'État italien
a remplacé Venise, et rien n'est changé.

Trévise, c'est un peu comme Bellune. Venise s'en est
emparée dès les premières années du xive siècle, à l'heure
où l'Italie commençait à fleurir de tous les arts. Aussitôt
l'afflux de se produire vers la ville maîtresse, là où on
trouve protection et commandes. Venise prend possession
de la Seigneurie, et se contente d'entourer Trévise de
remparts qui en sont encore aujourd'hui l'ornement. Cela
fait, elle se désintéresse de la beauté, et ceux qui pour-
raient travailler à celle-ci, comme Lotto et Paris Bordone, deviennent purement vénitiens. Songez à Trévise
indépendante, aux mains de quelque seigneur, condottiere
ou évêque; Lotto y fût resté et y eût fondé école. Trévise
place de guerre vénitienne, et marché aussi, voit ses
enfants l'abandonner et se perdre dans la foule des serviteurs de la Sérénissime.

Le Dôme de Trévise se réclame de Venise tout
entier. Ses cinq coupoles font penser à la Salute,
et son chœur est signé des Lombardi. Il est riche en
œuvres de ceux-ci, de Bregno, de Bordone et d'un
Allemand, Seitz, dont je vis l'œuvre considérable à
Lorette, autrefois. Une chapelle, cependant, se glorifie
d'un Titien, une *Annonciation* digne de son peintre,
et de fresques de Pordenone, l'un des plus grands
réalistes, l'un des premiers surtout. C'est, il me semble,
accabler injustement Pordenone que de vouloir le poser

en « rival » de Titien. Sa gloire personnelle suffit à
le classer au premier rang, mais non hors rang. Pordenone ne peut rivaliser avec Titien dont il n'a pas la profondeur d'âme, la pénétration psychologique. Son mérite
est autre, la fougue, la hardiesse du mouvement, les
grandes compositions où la vie est jetée pantelante, des
audaces de dessin qui signent son nom sous tout œil
même peu exercé, et la couleur si brillante et maniée avec
une telle virtuosité qu'on lui fait l'honneur de la dire étu-
diée par Rubens. Ne vaut-il pas mieux, pour nous autant
que pour lui qui y gagne d'être lui-même, se distinguer
par ces grandes qualités de peintre que d'être devenu un
autre Titien? Lui aussi pourrait se vanter de boire dans
son verre, si petit qu'il fût, et il était moyen. La fresque
de Trévise possède tout l'éclat et toute l'audace dans le
dessin qui marquent Pordenone, si elle ne peut rivaliser
de majesté et d'énergie dramatique avec les fresques de
Crémone que je vis autrefois, et qui sont restées ineffa-
çables dans mon souvenir au point de m'avoir ramené bien
souvent à Crémone. L'*Adoration des Mages* de Trévise,
contemporaine des *Christ* de Crémone, ne comportait pas
la fougue convenable au Golgotha et au tribunal de Pilate.
Et Pordenone n'est supérieur que dans la violence. Il a
du Tintoret et en plus l'éclat. Aussi, à Trévise, peut-on
l'étudier plus sûrement peut-être, sans crainte de se
laisser emporter dans l'enthousiasme du mouvement. On
goûte mieux les qualités purement picturales de composition et de couleur. Devant un Tintoret et même les Por-
denones de Crémone, on peut craindre d'être abusé par le
drame. Devant une calme *Adoration* aucun entraînement
n'est à redouter. Pordenone apparaît sans tricherie; il est
admirable de vérité et d'adresse.

Trévise compte plusieurs autres églises. San Niccolo malheureusement fermé depuis la guerre, rouvert bientôt pourtant; et où il faut aller voir le *Saint Thomas* de Sebastiano del Piombo, à moins qu'il ne soit de Lotto, disent les savants. Et cette hésitation me rend rêveur. Venise, je le sais, a marqué profondément ses élèves, et Lotto a varié ses manières. Mais à ce point de faire confondre le délicat et subtil Lotto avec Sebastiano le dramatique élève de Michel-Ange? Santa Maria Maddalena se recommande de grands Véronèses, sans le génie de Veronese, mais avec toutes ses séduisantes qualités. Mais pourquoi ne pas l'avouer? L'église que je préfère c'est la petite San Agostino. Si raisonnables que nous soyons, si décidés à ne céder jamais qu'à la grandeur, à l'équilibre, à l'harmonie et aux convenances morales et intellectuelles, un démon malin s'est toujours réservé, dans notre goût, un coin pervers. Ma perversité à moi, c'est le rococo. Il m'enchante, m'enthousiasme même quelquefois comme, à Naples, à San Gregorio Armeno, par exemple, mieux encore à Lecce. San Agostino de Trévise m'a mis en joie pour toute la soirée. Ce renversement de toutes les lois ravit mon anarchie diabolique. Une église qui est une salle de bal, ou une salle de bal qui serait une église, je m'empresse de le dire, me remplit d'alacrité. Et les balcons dorés, et les marbres multicolores, et les pâtisseries, et les trompe-l'œil, les statues chantournées comme si elles étaient pétries en guimauve, je ne les donnerais pas pour une rose gothique si pure et déliée qu'elle soit! Cela est condamnable, mais qu'y faire? Il y a, d'ailleurs, à ma perversité, une excuse, du moins en ai-je trouvé une; il le fallait bien lorsque je redevenais raisonnable, si je ne voulais pas avoir par trop honte de moi-même.

Et cette excuse, c'est que le rococo peut revendiquer un mérite : il est un. Partout où il a passé, il n'a jamais fait place à d'autre que lui. Au besoin, il détruirait, ah ! combien il a détruit ! mais il a toujours su être seul, tout seul. Par crainte de comparaison, diront les malveillants qui n'ont pas tort. Cela, en revanche, lui a permis de rester harmonique, s'entend avec lui-même, et en art, c'est beaucoup. Toute chose, — j'ai, sur cette terre d'Italie, bien souvent l'occasion de le constater, — toute chose qui se présente d'ensemble, dont chaque détail s'inspire d'une même idée, d'une conception unique, qui soumet chacune de ses parties à la voisine pour en former un tout sans soucis particuliers, même si l'ensemble choque et provoque une juste protestation, cette chose mérite attention, indulgence, presque approbation. En tout cas, elle ne peut repousser; elle nous trouvera moins rétifs que le plus beau portail du xviie siècle devant une église gothique, qu'une statue de la Renaissance sur un autel de la rue Saint-Sulpice. Le rococo est presque toujours harmonieux, ayant su s'isoler. Peu à peu, l'absurdité du détail se fond dans l'ensemble, y prend sa logique; chaque objet agit sur son compagnon; l'œil va de l'un à l'autre sans soubresauts, et l'ensemble ridicule y gagne bientôt un petit air décent, le plus réjouissant du monde. Je reviendrai à Trévise rien que pour San Agostino, lorsque, las de bonne tenue, je voudrai m'encanailler un peu.

Et j'amènerai avec moi mon Philistin bouffeur de kilomètres. Il partira d'ici convaincu que la formule du rococo est la plus haute de l'art. A chacun ses vengeances.

XI

LES DEUX SŒURS

Udine.

CETTE fois, j'en ai bouffé. De Trévise à Udine, je suis
venu d'un trait, une centaine de kilomètres, deux
grands fleuves passés, le Piave et le Tagliamento, sans
compter la Livenza, et le changement de province, de
Vénétie en Frioul. C'est qu'il y a peu à récolter sur cette
route dont le chemin de fer suffit à faire connaître les
particularités. Le Frioul est loin de la Vénétie quant à la
rutilante générosité. Une grande plaine monotone coupée
de quelques gros bourgs et petites villes, arrosée de nombreux cours d'eau qui la fertilisent sans la rendre plantureuse. Les villes, c'est d'abord Conegliano où il y a un
Cima, mais il n'est pas encore revenu de son prévoyant
exil; c'est Pordenone où, dans un court arrêt, je ne puis
que me confirmer dans ce que je jugeais du peintre qui
en a pris le nom, à Crémone et à Trévise. À Conegliano
j'ai regardé vers le nord, vers Vittorio où commença la
grande déroute autrichienne en 1918. Ici, entre Vittorio
et Conegliano débuta la débâcle finale, celle qui enleva

aux Allemands leur dernier espoir. L'action de notre armée
d'Orient avait été le commencement que l'armée italienne
sut mettre à profit. Il nous faut bien nous rendre compte
ce que fut Vittorio-Veneto pour l'Italie, le coup direct à
l'Autriche, le point final mis à la lutte de quatre siècles —
si nous nous contentons de la faire commencer à Charles-
Quint, sans remonter, ce qui serait justice pourtant, aux
empereurs saxons, aux invasions des Othons et de leurs
successeurs — la lutte de quatre siècles contre la puissance
germanique maîtresse de la terre italienne. Nos amis
savent bien ce qu'ils doivent aux victoires françaises inin-
terrompues depuis trois mois lorsqu'ils attaquèrent enfin,
ce qu'ils doivent aussi à l'armée d'Orient en route pour le
Danube et Vienne ; nous ne manquerons donc pas non
plus de comprendre ce que Vittorio représente à leurs
yeux de délivrance obtenue par leurs propres armes. La
première poussée, de Magenta à Solferino, d'autres armées
que les leurs l'avaient avec eux accomplie. Celle-ci, la
dernière, de Vittorio à Trieste, ils l'accomplirent tout
seuls, par leurs seuls moyens. Ce fut le grand sursaut
d'un peuple enfin délivré de l'invasion séculaire. Et s'il
sait bien que cet effort suprême ne fut possible que parce
qu'il fut préparé par les armées d'Orient et d'Occident, il
ne peut pas ne pas voir que c'est lui, chez lui, qui a chassé
définitivement le vieil oppresseur du sol de la patrie.

A Conegliano j'ai pensé aussi à un Français d'il y a
cent ans, et que sa fin prématurée autant que la gloire de
sa fille nous font laisser dans un injuste oubli. Cette gloire
filiale ne devrait-elle pas, au contraire, nous induire à
réveiller cette si séduisante mémoire ? Ici, à Conegliano,
s'arrêta pour reprendre son harnais, au retour de capti-
vité, Maurice Dupin, petit-fils du maréchal de Saxe et père

de George Sand. C'était un enfant de vingt ans, plein de grâce et de charme. Ses lettres que George Sand publie dans l'*Histoire de ma vie*, dévoilent l'une des âmes les plus tendres, les plus vives et les plus braves qu'on puisse connaître. Comme il serait piquant de le comparer avec un autre grand Français qui se trouvait à l'armée de Bonaparte dans le même temps, et qu'il dut connaître à Milan! Stendhal et Maurice Dupin camarades, voilà un beau sujet de dissertation pour rhétoriciens. Maurice ne s'embarrasse guère de tout ce qui encombrait notre cher Henri. Il n'est pas soldat, lui, par fantaisie d'agité, désir de voir le monde, besoin instinctif d'engranger pour nourrir plus tard son génie littéraire. Rien de moins littéraire que le cerveau de Maurice : la littérature, il l'épargne pour en doter son enfant. En revanche un brave soldat, digne petit-fils d'un tel grand-père, un cœur chaud, dévoué jusqu'au renoncement, toujours joyeux, loyal au delà de tout, et fidèle de la façon la plus touchante. La femme qu'il aimait, il l'avait connue à Milan, il l'avait connue maîtresse de l'un de ses chefs. Dès qu'elle fut à lui, il se donna à elle entièrement, pour la vie. Et à peine arrivé à Conegliano, il l'appelle à grands cris, court audevant d'elle qu'il rencontre près de Mantoue, et la ramène à Paris où il l'épouse, en dépit de sa mère, la bonne et sévère Aurore de Saxe. Maurice Dupin ne compte pas de Piétragrua, de Palfy encore moins, dans sa carrière. Le désir ni la vanité ne le poussent, mais l'amour tout pur. Il élève à lui celle qu'il a choisie, malgré de grands obstacles, et ses lettres à la terrible et faible Aurore ouvrent sous nos yeux un livre de tendresse infinie. Comment ne l'aimerions-nous pas? Il est la jeunesse même, cette jeunesse du lendemain de la Révolution, lorsque la France repreṇait le frais sourire et la bonne humeur de ses vingt ans. Maurice Dupin la représente intégrale, bien mieux que notre Stendhal et ses compagnons d'état-major et d'intendance, brave, généreuse, toute abnégation, d'une gaîté incessante, loyale jusqu'à l'innocence. On a cherché souvent à George Sand des filiations qu'on n'a pas assez demandées à Maurice Dupin. Le grand romancier George Sand lui doit beaucoup, l'ardeur de vivre, le besoin de dévouement, la loyauté souvent implacable, la confiance poussée jusqu'à la duperie, l'amour total, même s'il change! Maurice ne changea pas, n'en eut pas le temps.... Et c'était un homme, et il n'avait pas de génie.... Aimons-le comme il aima sa fille qu'il nous a léguée, le plus précieux don où se retrouve encore sa belle âme généreuse qui, en échange de ce que la société avait donné au petit-fils du maréchal de Saxe, laissa l'incomparable héritage de l'un des trois ou quatre grands romanciers du XIXe siècle.

La campagne, ravagée aux bords du Piave et aux alentours de Conegliano, reprend peu à peu sa physionomie pacifique, et, passé le Tagliamento, un beau fleuve de cailloux, le Frioul étend ses longues et larges plaines à peu près indemnes de la guerre. Le Frioul, c'est exactement la région comprise entre les Alpes, la mer, le Tagliamento et l'Isonzo; au nord la montagne, au sud les marais et lagunes, à l'ouest la Vénétie, et à l'est la zone carsique où j'irai bientôt. Udine en est le chef-lieu, le centre le plus important, s'il ne le fut pas toujours, s'il ne l'est même que depuis des temps récents, depuis la domination de Venise.

Que Venise ait dominé ici, nous ne le saurions pas que nous le verrions aussitôt. Le seul monument important d'Udine, c'est le municipio, et il reproduit le palais des Doges. Oh! sans doute, à peu près comme certain hôtel de l'Avenue du Bois reproduit Trianon. Mais cette servilité maladroite suffit pour nous qui ne pouvons prêter intérêt qu'à l'originalité, serait-elle mille fois moins éclatante encore. Au-dessus du municipio s'élève le château, vieille demeure souvent remaniée, sans grand caractère, et dont le principal attrait réside dans sa situation sur une éminence qui lui permet de dominer la campagne environnante, et de regarder toute la muraille alpine. Dans le palais, un musée est installé, tout garni de Vénitiens bien entendu, Palma, Pordenone, Tiepolo.

Celui-ci, finalement, est la gloire d'Udine qu'il a pour ainsi dire couvert de ses œuvres. Au musée, au palais archiépiscopal, à la Purita, Tiepolo enlumine les murs de ses couleurs tendres, de ses fantaisies bouleversées. Et l'événement récent rend ses œuvres d'Udine plus précieuses encore. Car Tiepolo est une des victimes de la guerre. Le plafond des Scalzi et la coupole de San Francesco della Vigna à Venise, sur les rives du Piave les villas que je signalais l'autre jour, ont entraîné avec eux frappés par les torpilles aériennes, des œuvres capitales de ce léger et étourdissant peintre. Si l'on songe toutefois que, deux ans durant, à Udine, résida le Comando supremo, n'est-on pas en droit de se dire qu'un dieu protégeait Tiepolo qui n'a pas souffert davantage? Ugo Ojetti a écrit un martyrologe de Tiepolo pendant la guerre, où il ne peut pas ne pas constater ce relatif bonheur. Et il nous conte la merveilleuse histoire du général Caviglia qui commandait le secteur où se trouvait la villa Soderini de Nervesa sur les bords du Piave. Ce général artiste voyait s'écrouler un à un les murs où Tiepolo s'était joyeusement

répandu. Son cœur d'Italien et d'homme de goût se déso-
lait et cherchait où raccrocher quelque espoir. Si,
l'incendie éteint, on retrouvait des restes miraculeusement
préservés? Le général voulait espérer. Son désir fut-il
créateur? Lorsqu'il put approcher des ruines fumantes, il
aperçut un mur resté debout sur lequel tenait encore à
peu près intacte la fresque : *L'entrée à Florence du Gonfa-
lonier Soderini* que l'on ne pouvait en toute certitude
attribuer à Tiepolo, mais plutôt à ses aides et ses élèves.
Il importait peu, d'ailleurs, en l'occurrence. Il fallait, en
tout état de cause, sauver ce seul reste de la décoration
de la villa mémorable, aussi précieuse pour Florence que
pour Venise. Un peintre qui se trouvait là, dans les rangs,
est appelé par le général, et reçoit l'ordre de se rendre à
l'instant à Florence où il se fera enseigner la manière de
détacher les fresques des murailles. A son retour, on se
met au travail — la nuit seulement, à cause de l'ennemi
aux aguets — et au bout de quelques jours la fresque tié-
polesque prenait le chemin de Pise, enfin sauvée.

L'exemple était bon à suivre. Il fut suivit; on avait
même donné l'exemple. L'œuvre officielle de salut fonc-
tionnait, en effet, depuis longtemps, parallèlement aux
initiatives des chefs. A Montecchio Maggiore, près Vicence,
dans la villa Cordellina, abandonnée, des Tiepolos moisis-
saient dans l'ombre et sous la poussière. Le comte Guar-
dino Colleoni demandait, depuis dix ans, qu'on les enlevât.
En 1917, à la faveur de la guerre, son vœu fut exaucé.
Quelques jours après, une explosion jetait par terre les
murs de la villa. J'ai vu, moi-même, à Rome, au palais de
Venise, un rouleau qui portait cette inscription : Este,
Tiepolo. C'était *Sainte Thècle qui délivre la ville de la
peste*, qui est peut-être la plus remarquable œuvre reli-

gieuse de Tiepolo, par la vivacité dramatique et par son audacieux coloris. En même temps avaient été soustraits au péril, à Venise, le *Christ* de Sainte-Alvise, la *Sainte Anne* de la Fava, l'*Adoration de l'enfant Jésus* de Saint-Marc, la *Communion de Sainte Lucie* des Saints-Apôtres, la *Vierge* des Gesuati, la *Sainte Hélène* de l'Académie, et tous les Tiepolos de Vérone, de Desenzano, de Verola-nova, de Vicence, de Noventa, de Bassano, de Padoue, de Chioggia, de Piove di Sacco, de Rovigo, de Bergame, de Milan et de Mirano. Rendra-t-on jamais l'hommage dû à ceux qui arrachèrent toutes ces œuvres à la mort, et, avec elles, tout ce qui pouvait être mis en sûreté? L'Italie du nord, des Alpes aux Apennins, a vu tous ses trésors trans-portables passer les monts. Rome, Florence et Pise, prin-cipalement, les ont reçus. Peintures, sculptures, bibelots des églises, des musées et des villas privées, tout ce qui, en un mot, offrait un intérêt artistique, fut pris en charge par le service de protection rattaché au Comando supremo, qui donnait un reçu comportant l'engagement de restituer « a guerra finita ». Si les voyageurs retrouvent, si je retrouve sur mon chemin tant de chefs-d'œuvre, c'est à ce service dirigé par M. Ugo Ojetti que nous en devons la fortune. La méthode, la pratique, sans parler de l'érudi-tion nécessaire à la découverte, furent admirables, et encore plus l'infatigable ardeur et l'incessant éveil.

On peut dire aujourd'hui que seules ont péri les œuvres qui, comme le plafond des Scalzi, ne pouvaient être enle-vées. D'autres aussi, qu'on aurait pu détacher, comme à Maser, restèrent en place, par suite de diverses circon-stances; elles ne furent pas atteintes. Tiepolo, le fécond, l'inépuisable Tiepolo si l'on compare ce qui a péri et ce qui subsiste, ne peut-il être proclamé finalement heureux?

A Udine, siège du Comando supremo, il le fut aussi. Dès le début de la guerre, ses œuvres du musée avaient été éloignées. On voulut emporter à son tour la *Vierge* de la Purita, petite chapelle assise à l'ombre du Dôme. La fabrique, tout comme une municipalité française que nous connaissons, se refusa à confier sa *Vierge* au service de protection. Tout un hiver durant, M. Ugo Ojetti supplia le président du conseil de fabrique, le sénateur di Prampero, lui offrant en vain toutes les garanties de restitution qu'il réclamerait. Et le sénateur répondait : « Cette demande est inutile et intempestive, étant donnée la prochaine fin de la guerre. » Quelques mois après, se produisait Caporetto. Udine était occupée par l'ennemi et la *Vierge* de la Purita prenait le chemin de Vienne qui la rendit, cependant, en 1919. Je viens de la revoir — l'ayant vue en 1917 sous le canon, lorsque je vins au Comando supremo — dans sa petite chapelle à façade du xviiiᵉ siècle, avec ses deux dauphins de pierre au-dessus de la porte, encore brillants des restes de l'or dont ils étaient recouverts autrefois. Et, au plafond, brille toujours l'*Assomption* qui, elle, ne pouvait être détachée, harmonie de bleu et de blanc de la plus ravissante douceur. Au palais de l'archevêché demeurèrent enfin et sont intactes, les fresques que, en 1733, le patriarche Denis Dolfin y fit exécuter par Tiepolo : *La chute des anges, Le jugement de Salomon, Jacob et Abraham.*

Est-ce à cause du danger couru? Cette décoration du palais épiscopal me touche au delà de tout : je la crois l'œuvre la plus accomplie de Tiepolo. Lorsqu'il vient à Udine, Tiepolo est en pleine force, en plein épanouissement. Il est âgé de trente-sept ans, et jamais la joie de peindre, qui le dévorait, ne le possède comme en ces années de ses plus hauts chefs-d'œuvre. De quitter Venise fiévreuse, la Venise du XVIIIe siècle qui s'acheminait vers la décrépitude, semble l'avoir purifié, l'avoir assagi quelque peu, lui avoir retiré cette sorte de fébrilité qui le rend quelquefois déséquilibré et incohérent, trop enclin à jeter les jaunes sans autre raison qu'ils sont jaunes, à lever des jambes pour le seul motif qu'une jambe en l'air, à telle place, fera un bon effet. Dans l'atmosphère reposante d'une petite ville de province, Tiepolo reprend de l'assiette et une manière de sagesse. La Venise de Candide et du prince de Mantoue, si nous en croyons du moins Voltaire et Musset, répond peut-être trop bien aux goûts et à la fantaisie de Tiepolo par ses apprêts de fêtes incessantes. A Udine, dans la somnolence provinciale, il doit rester calme, et, n'ayant rien d'autre à faire, réfléchir un peu. Son heureux génie s'y plie aisément. Sous son pinceau rapide Salomon et Abraham prennent une sérénité inaccoutumée, tandis que les anges déchus se dirigent vers les enfers sans excessifs désespoirs. S'il n'y avait que les fresques d'Udine, on ne pourrait dire de Tiepolo qu'il est le peintre fidèle et synthétique de Venise au XVIIIe siècle, on ne pourrait le dire qu'avec des atténuations et des distinctions. Les fresques d'Udine, qui possèdent toutes les qualités de composition, de mouvement et de couleur de tous les Tiepolos du monde — et il y en a partout — nous montrent une autre face de son talent, une manière de mesure que nous ne trouvons que là.

Pour l'hommage et l'enseignement il faut venir et revenir à Udine. Je n'oserais conseiller, cependant, d'y venir pour ce qu'on appelle quelquefois l'école du Frioul. Il n'est pas plus juste de parler d'école du Frioul que d'école de Bassano, ou encore d'école flamande-napoli-

taine ou, chez nous, d'école de Bourgogne. Quelques
artistes réunis ou se succédant sur un point de territoire
ne suffisent pas à former une école. Qui dit école dit
direction idéale et formule collectives, procédés et expres-
sions transmis, le tout particulier au groupe. Lorsque
l'idéal et les procédés ne sont point originaux mais au
contraire empruntés à des maîtres de pays voisins, il peut
y avoir atelier mais non pas école. A Udine, au xv° siècle,
se rencontrent des peintres comme Bellunello, les frères
di Candido, Gian Francesco da Tolmezzo, Giovanni Mar-
tini et Girolamo da Udine qui imitent les uns Vivarini,
les autres Bellini à travers Cima. Le plus grand de tous,
Pellegrino da San Daniele lui-même, tel que je le trouve
au Dôme, tel qu'on le voit à San Daniele et à Cividale,
ne fait que nous offrir un savant mélange de Vivarini et
de Bellini d'abord, une imitation de Giorgione et même
de Pordenone ensuite. Où il n'y a pas originalité, quel que
puisse être l'intérêt d'œuvres sincères, habiles et même
savantes, il ne peut y avoir école.

Les peintres du Frioul, les peintres d'Udine n'ont pas
vécu autrement que leurs compatriotes, qu'Udine elle-
même. Le Frioul et Udine, Udine surtout, à peu près
création vénitienne, vivaient de et par Venise. Leurs
enfants portaient trop le regard vers les lagunes pour
pouvoir le fixer sur eux-mêmes, et lire dans leur âme
quelque pensée qui ne dût rien à personne. Lorsque
Udine élève un municipio, elle ne le conçoit pas différent
du palais ducal. Lorsqu'elle veut décorer ses autels, c'est
à Venise qu'elle demande son peintre. Et lorsqu'un grand
peintre naît dans ses murs, il court à Rome se mettre au
service de Raphaël dont il prend la succession : c'est
celui que nous nommons en France Jean d'Udine.

Cividale.

Cividale peut se dire, à tous points de vue, la sœur d'Udine, la sœur aînée s'entend. Ainsi que la plupart des sœurs, ces deux-là ne se ressemblent pas du tout, la brune et la blonde, la grosse dame et la sèche. Mais leur vie est tellement entrelacée, inséparable, lorsqu'on étudie l'une il est tellement impossible de ne pas associer l'autre à ce qu'on regarde et examine, que ce serait tout fausser que de ne pas traiter ces deux villes en fonction l'une de l'autre, de ne pas les réunir comme ces sœurs qui, si différentes qu'elles soient, mènent vie commune sous une direction supérieure qui serait, ici, effective d'abord, ensuite nominale, celle d'Aquileia.

Cividale, étant plus ancienne, montre une personnalité plus accusée qu'Udine. Elle doit plus à elle-même qu'à une autre. Lorsque Venise vint, elle était déjà faite; et Venise ne se souciait pas de la refaire, si elle dut rebâtir la cathédrale écroulée. Venise, par cette reconstruction, marqua Cividale de son sceau au style renaissance, gravé par les Lombardi, et, l'empreinte fixée, s'en désintéressa. Au point que, devant réédifier le municipe, en 1552, elle ne craignit pas le gothique. Le reste de la ville est l'œuvre des temps antérieurs à Venise, lorsque Cividale se présentait la première au Barbare descendant des Alpes juliennes.

Sur les bords du Natisone qu'elle domine et enjambe, Cividale prend une physionomie toute militaire par son château médiéval trop remanié, il y a peu d'années, où il reste, cependant, des vestiges assez caractéristiques des

temps lombards qui le virent naître : les fenêtres byzantines qui en disent long sur ces Lombards imprégnés de
Byzance, et souvent ses agents. Une haute tour et la
grande façade en soulignent encore l'antique usage
féodal. Non loin du Dôme s'élève le Tempietto qui remonte,
dit-on, aux Lombards et fut édifié sur des constructions
plus anciennes encore. Énumérer ces reliques serait leur
donner une importance matérielle qu'elles ne justifient
guère, si, en revanche, leur valeur morale ne saurait être
trop relevée. A Cividale on foule mille débris de temps
entièrement disparus, et qui sont peut-être les seuls en
Italie, avec la Ravenne des Goths, à nous signifier la
place que les Barbares occupèrent sur la terre romaine.
Leurs hordes ne cessèrent de passer les Alpes ; elles se
diluèrent peu à peu dans le fleuve latin, les Lombards
comme les autres, peut-être plus que les autres, car nous
les rencontrons beaucoup plus que les autres dans l'histoire, sous les espèces de familles exemplaires par leur
italianité. Les Farnese n'étaient-ils pas d'origine lombarde ? Les Lombards ont prospéré socialement, même
après leur disparition politique, lorsque les Francs les
eurent chassés. Ils ont péri matériellement, leurs monuments effacés des centres les plus importants comme de
leur capitale, la triste Pavie où nous les avons étudiés
autrefois. Le sol de Cividale ville frontière, loin des
contrées fertiles et de Rome, le sol de Cividale porte encore
la glane d'un beau passé.

Nous trouvons ces épis dans les églises et dans les
musées. Que ce soient le baptistère ou les pièces du
trésor datant des rois et des patriarches ; que ce soient
les sarcophages ayant renfermé les restes des ducs lombards, ou les psautiers et les livres d'heures ; ou les

ivoires et les émaux, l'autel même de Ratchis avec ses
bas-reliefs naïfs, tout nous parle de ces Barbares avec
une énergique éloquence. Ils en disent la rudesse, ils en
disent aussi l'affinement plus grand que nous ne pourrions
le supposer. Et l'on se prend à regretter l'acharnement
des Francs contre ces Lombards qui ont dû répandre
dans toute l'Italie leur conception de la beauté acquise à
Byzance, y mêlant leur propre goût de conquérants. Il
est arrivé aux Goths et aux Lombards ce qui était arrivé
aux Étrusques. Rome s'acharna contre tout vestige
étrusque ; fidèle fille de Rome, l'Italie se montra implacable envers ses vainqueurs devenus ses vaincus. Ravenne
n'a guère conservé que le tombeau de Théodoric ; Cividale
n'est pas plus riche. L'éclat des siècles débarrassés de
toute race étrangère ne doit pas cependant, nous rendre
indifférents aux siècles antérieurs, si justement que les
envahisseurs aient été frappés. Le baptistère des ortho-
doxes à Ravenne, ne doit pas supprimer dans notre admiration le baptistère des Ariens, le dôme renaissance de
Cividale ne doit pas nous faire oublier la vieille église
gothique dont une partie de la façade moderne conserve
le dessin vigoureux et l'aspect solennel.

*
* *

J'ai regagné Udine, et, le long du chemin, j'ai rêvé à
ces Lombards tant de fois rencontrés sur ma route, tant
de fois maudits par ma piété romaine aidée de ma faiblesse filiale envers les Francs.... Peu à peu, les souvenirs
des premiers siècles chrétiens, au cours desquels le
Frioul joua un rôle prépondérant, me sont revenus par

mille légendes que Paul Diacre, rencontré autrefois au Mont-Cassin, ne m'avait pas permis d'oublier tout à fait. Aquileia où j'irai le jour prochain, Cividale et Udine à qui il ne faut pas oublier de joindre les petites villes de Gemona et de Venzone, double porte ouvrant sur Udine, ces vieilles cités, je les ai unies, roulant vers Udine, dans mon vagabondage à travers les temps révolus, comme elles le furent dans l'histoire, alors qu'elles la faisaient.

Aussi loin qu'on peut remonter, on trouve en Frioul un peuple mélangé de Vénètes et d'Illyriens que les relations avec l'Orient ont relativement civilisés. Du Tagliamento à Trieste, ils sont assez forts pour repousser l'invasion celtique du IIIe siècle avant Jésus-Christ, la repousser au delà de Trieste et du Tagliamento. Certains Celtes, cependant, réussissent à se maintenir. Ce sont eux qui fondent Aquileia. Mais les Romains les contraignent à se retirer, et ils leur défendent de passer les Alpes désormais.

La place d'Aquileia, maritime et terrestre à la fois, paraît bonne aux Romains. Ils l'occupent et la fortifient. Colonie militaire d'abord, Aquileia devient peu à peu centre commercial important d'où partent des routes stratégiques et commerciales le long desquelles s'élèvent des villes, entre autres Cividale, Udine et Gemona. Aquileia continue néanmoins à être le grand centre de la région. Les Orientaux y affluent, et ce sont eux qui y introduisent le christianisme. Aquileia est virtuellement la capitale du Frioul tel qu'il se délimite encore aujourd'hui. Rome n'a cessé de l'alimenter de colons. En 169, quinze cents familles nouvelles y furent envoyées d'un coup. Les fastes romains sont pleins du Frioul. Il est le centre de la défense septentrionale, la base pour les guerres le long du Danube. Auguste, Gallien, Dioclétien, Constantin, Théodose y séjournent. Maximilien est tué sous Aquileia au cours de sa guerre avec Maxime. En 340 Constance et Constantin II s'y disputent l'empire. Ausone la dit, à ce moment, la plus grande ville d'Italie après Rome, Milan et Capoue. En 388 Théodose y bat son rival qui lui disputait le trône de Valentinien; il y défait Arbogaste et l'usurpateur Eugène. En 410 arrivent les Goths d'Alaric; en 452 c'est Attila qui, dit-on, monta sur la colline où siégeait et siège encore le château d'Udine, pour voir l'incendie d'Aquileia.

Ces invasions gothiques entraînent une première conséquence, l'abandon d'Aquileia par le gouvernement impérial qui s'installe à Cividale, à portée du passage, tandis que les habitants fuient dans la lagune, à Altino, à Grado, à Chioggia, à Malamocco, préparant Rialto qui deviendra Venise dont il semble qu'on ne peut faire, avec Ruskin, remonter la fondation à l'année 421 que si l'on considère le premier exode vers Chioggia et Malamocco comme le commencement de la ville qui, strictement, ne se bâtit sur Rialto que beaucoup plus tard, lorsque les habitants de Malamocco se réfugièrent sur cette île, fuyant l'invasion franque. Nous ne devons pas oublier, en tout cas, la filiation de Venise descendant des colons romains d'Aquileia augmentés des Vénètes d'alentour, encore moins le caractère latin du Frioul et principalement d'Aquileia, Aquileia autrichienne hier encore pourtant.

En 568 apparaissent les Lombards qui, instruits par l'exemple des Goths, commencent par s'installer solidement aux portes des Alpes. Cividale devient la résidence de Gisulf, lieutenant d'Alboin. Autour de cette place

principale d'autres sont élevées, et qui subsistent encore,
Cormons, Ragogna, Venzone. Aquileia est bien déchue,
depuis les Goths; les Lombards ne la dédaignent pas
assez toutefois pour tolérer un clergé catholique dans la
vieille cité où saint Ambroise vint interdire l'occident aux
Ariens. Un patriarche arien est installé, tandis que le
patriarche catholique va retrouver à Grado les fugitifs du
siècle précédent; le patriarcat de Grado connaîtra alors
cent années à peu près de splendeur, fédérant les souvenirs des colons romains chassés par les Lombards ou
persécutés dans leur foi. Au regard de l'Église romaine,
Grado a remplacé Aquileia qui est, d'ailleurs, abandonnée
aussi par le patriarche arien. Cormons devient la résidence du patriarche d'Aquileia, jusqu'au jour où, se laï-
cisant peu à peu, ce patriarche deviendra évêque-duc de
Frioul, l'évêque-prince dont nous avons vu à Trente les
exemplaires les plus caractéristiques.

Ne nous hâtons pas trop de maudire ces Lombards. Et
d'abord, sans eux, eussions-nous eu Venise, vers laquelle
tendirent toutes les aspirations de Grado refuge d'Aquileia,
de Grado qui va bientôt transmettre ses pouvoirs à la ville
des lagunes? Sans eux surtout, l'Italie eût été envahie
par des peuplades sauvages, Avares et Slaves qui vinrent
pendant deux siècles se briser sous les murs de Cividale,
de Venzone et de Cormons. Lorsque Charlemagne
apparaît, le siège du patriarche d'Aquilée, établi maintenant à Cividale puisque sa fonction est de duc plus que
d'évêque, compte jusqu'à dix-sept diocèses suffragants,
de Vérone à Trieste.

Les temps d'Aquileia sont, on le voit, révolus. Capitale
religieuse, elle est remplacée par Grado fidèle à Rome et
bientôt par Venise. Capitale civile, elle est remplacée par

Cividale. Le temps des Lombards est aussi passé. Charlemagne qui les a chassés d'Italie, a eu soin, cependant, de
conserver leurs institutions et leurs forteresses. Il fait du
Frioul le centre de l'expansion franque vers l'Orient, et
des évêques les gouverneurs de cette marche. Nous savons
que, en Italie, le pouvoir des évêques est né de la conquête franque, les citoyens s'organisant à l'image de Rome
rendue puissante par les Francs, et plus tard se groupant
autour du pasteur pour résister au conquérant. En Frioul,
comme en Trentin, pays frontières, le pouvoir de l'évêque
a précédé le conquérant qui l'utilise. En Trentin comme
en Frioul, le Lombard a déjà trouvé l'évêque qu'il cède
au Franc avec la province.

Les Goths eurent Jornandès. Les Lombards ont Paul
Diacre qui célèbre leur gloire du fond de sa cellule de
Mont-Cassin où il termine ses jours en pleurant Cividale,
sa patrie, tombée en esclavage. Grâce à lui nous savons à
peu près ce qu'étaient les Lombards. Ils sont loin de
mériter le mépris. Outre le service qu'ils ont rendu comme
rempart de l'Italie, ne fût-ce qu'en attendant la venue de
Charlemagne, ce que Paul Diacre nous raconte d'eux les
montre tels que les reliques de Cividale nous forcent à
les voir. Écoutez les belles histoires.

Le duc Gisulf est parti en guerre contre les Avares qui,
le bousculant, mettent le siège devant Cividale. La femme
de Gisulf a la garde de la ville. Un matin, elle monte au
rempart, et elle aperçoit le grand Kan des Avares qui,
dans son veuvage momentané, lui apparaît beau comme
un dieu. Elle fait ouvrir les portes de la ville au mâle
ennemi qui n'a garde de refuser le don que lui fait d'elle-
même la femme de Gisulf. Puis, en ayant usé tout son
saoul, il la livre à ses officiers et, finalement, à un pal.

Ainsi est punie la duchesse parjure par où elle a péché. La ville est mise à sac! Toute la population s'enfuit, sauf les filles de Gisulf qui, pour échapper aux barbares lascifs, cachent et gardent dans leur sein des oiseaux morts. Les Lombardes sont fétides! s'écrient les Avares écœurés lorsqu'ils veulent se pencher sur ces girons.

L'histoire des ancêtres de Paul Diacre n'est pas moins merveilleuse. Un certain Leupchis, descendu en Italie avec Alboin, avait laissé cinq fils qui sont, un beau jour, pris par les Avares et emmenés en esclavage. L'un d'eux, nommé Leupichi, réussit pourtant à s'enfuir. Mais par où se diriger pour gagner l'Italie? Un loup se trouve à point qui offre de le conduire. Leupichi a faim; il se méfie du loup et le tue. Puis, rassasié, il tombe à terre et s'endort. Il rêve — remords, mauvaise digestion? — et entend une voix qui lui dit : « Debout! suis le chemin qui est devant toi. Il mène en Italie. » Leupichi se lève, marche droit devant lui, et arrive à sa maison qu'il trouve sans toit, envahie de ronces, un frêne poussant en son milieu. La place nettoyée et les dégâts réparés, il songe à se marier, trouve femme qui lui donne un fils : Arichis père de Warnfried à qui Théodelinde donnera Paul Diacre lui-même.

Il y a encore l'histoire du duc Lupo qui, entouré d'Avares, se défend pendant trois jours et tombe le quatrième; celle du duc Vettari qui n'a qu'à paraître et à lever la visière de son casque pour que les Slaves fuient épouvantés, non sans qu'il ait le temps, aidé de vingt-cinq compagnons, d'en tuer cinq mille. Les histoires de Paul Diacre sont toutes aussi héroïques ou charmantes. Voyons-y surtout, aujourd'hui, combien est profonde, ancienne, et tenant aux origines mêmes de la péninsule, l'aversion des Italiens envers les Slaves. Et nous nous étonnerons moins d'événements comme ceux qui se passent à Fiume, à Spalato, sur tout le rivage oriental de l'Adriatique où l'Italie ne voit pas les Slaves avec moins d'impatience que ne les voyaient dans les Alpes juliennes les ancêtres de Paul Diacre, ces Lombards italianisés et protecteurs, pendant deux siècles, de l'Italie.

On montre à Cividale la maison de Paul Diacre. Quel dommage qu'elle soit si jeune! Du xve siècle au plus. Mais Paul Diacre, c'est au Mont Cassin que nous le rencontrons plutôt, comme Boèce à Pavie, tous deux témoins de temps fabuleux, et dont nous pouvons garder d'autant plus une mémoire indulgente que nulle trace d'eux n'est restée sur la terre bénie, nulle trace qui leur donne jamais chance de faire courir encore à la latinité le danger d'un nouvel exode vers quelque autre Grado. Goths et Lombards, sous la forme germanique, viennent une dernière fois d'être rejetés outre-monts. Et si le péril devait renaître, ils trouveraient de nouveau le monde latin sur leur chemin.

Charlemagne a donc respecté les mœurs lombardes qui prospéraient en Frioul et se montraient, militairement, judicieuses. Ses successeurs les respectent aussi, même lorsqu'ils font de Béranger un roi d'Italie. Béranger, ce météore, a pour capitale Cividale où les évêques restent chefs locaux. Le jour de l'Épiphanie on célèbre la messe de l'empereur, le diacre casque en tête et l'épée à la main, épée dont on bénit les fidèles (certains datent cet usage celtique du temps des Celtes d'Aquileia). Un changement important s'est produit, pourtant. Les Ariens sont devenus presque tous catholiques. Le clergé a senti la nécessité de cette conversion, s'il voulait maintenir son autorité et, par conséquent, garder intacte la puissance qui fait de lui, par suite des invasions et conquêtes, la seule force nationale qui ne changeât pas. Charlemagne et ses successeurs l'ont compris; ils se gardent de briser cette autorité, se contentant de la surveiller. Et se développe alors l'ère des évêques-princes, ici comme à Trente utilisés par le conquérant, ici comme à Trente devenant peu à peu plus princes qu'évêques, menant même vie fastueuse, licencieuse aussi, et encore plus guerrière, comme font Popone, Pellegrino, Ulrico, Pertoldo qui reçoit, en 1232, l'empereur Frédéric II son ami, en dépit du pape, à Udine : et c'est le commencement de la grandeur d'Udine.

Cividale va devoir, à partir de cet instant, défendre ses privilèges de siège patriarcal contre Udine. En 1342 le patriarche Bertrand ayant voulu transporter d'Aquileia à Udine les reliques des saints protecteurs du Frioul, Cividale s'y oppose en envahissant le chapitre, mettant tout à sac. Cividale avait-elle la rancune si tenace, que, six ans plus tard, Bertrand étant venu à Cividale est assailli dans son palais, s'enfuit et est tué sur la route? Et devons-nous croire que le caprice seul des patriarches les guidait dans ce transfert qui s'accomplissait en dépit des violences? De même qu'il s'était transporté d'Aquileia à Cividale pour mieux remplir sa fonction militaire en s'installant au débouché des invasions slaves, de même, lorsque le danger ne vient plus de l'est mais du nord, c'est-à-dire d'Allemagne où règne l'empereur, le patriarche-prince doit logiquement se porter sur la route du nord, à Udine. Mais, conséquence fatale, aussitôt la possession du patriarcat devient nécessaire à l'empereur qui impose ses créatures, si tant est que Bertrand n'obéit pas déjà à l'empereur; et s'explique aussitôt et mieux encore la ténacité en apparence rancunière de Cividale révoltée non pas, en réalité, contre le prêtre, mais contre le chef militaire qui l'a trahie. Quoi qu'il en soit, à Bertrand succède un patriarche ouvertement impérial, Nicolo frère naturel de l'empereur Charles de Luxembourg. Son premier acte est de faire égorger tous ceux qu'il soupçonne d'avoir participé au meurtre de Bertrand. Et, pour flatter Cividale, Nicolo y fonde une université, ce qui prouve bien la nécessité politique et militaire du transfert, et non pas la fantaisie d'un maître. Mais la vie n'est plus à Cividale qui continue à péricliter en dépit de son université, des industries nombreuses, des mines voisines, et des ateliers d'orfèvrerie renommée.

La révolte des villes contre les évêques, qui éclate dans toute l'Italie, s'étend aussi au Frioul, sous l'œil attentif des empereurs qui, d'ailleurs, cherchent plutôt à exploiter encore une fois l'événement qu'à le contrecarrer. Il leur importe peu que ce soit un évêque ou un comte, pourvu que ce soit un féal. Entre le développement du Frioul et celui du Trentin, il y a bien des ressemblances, comme nous l'avons remarqué, et nous voyons dans tous deux la puissance épiscopale absorbée par l'empire, les évêques n'avoir de sacerdotal que la fonction, et vivre en bons soldats ou en joyeux princes. En Frioul, toutefois, on constate moins de fermeté qu'en Trentin, de la part du chef et maître. C'est que le passage, si nécessaire qu'il fût, était toutefois moins important pour l'empereur; il ne menait pas, comme celui de Trente, au cœur de l'Italie. Il ne conduisait guère qu'à Venise, et Venise commençait seulement sa carrière. Le lien féodal était plus lâche, le danger étant moindre. Et nous voyons, au

moment des luttes guelfo-gibelines, Cividale devenir le
refuge des Gibelins d'Italie, des Florentins principalement. De telle sorte que, en Frioul, lors de la phase anti-
épiscopale des communes, l'évêque-prince est combattu
à la fois comme évêque et comme prince par les villes ;
que l'empereur le supporte impatiemment comme évêque,
car il lui faut toujours un prince, celui-là ou un autre ;
que, là-bas, vers les lagunes, commence à grandir une
force dont les villes demanderont bientôt l'appui ; tandis
que les exilés d'Italie apportent avec eux des idées d'indépendance, et les procédés pour l'obtenir. Car le principe
est clair et simple : on est guelfe lorsqu'on est sous la
coupe impériale, gibelin si le Pape vous domine. Et
donc on change de parti selon les conquêtes. Quant à la
manière de se délivrer, elle consiste unanimement dans
le recours au podestat soit contre l'évêque guelfe, soit
contre le seigneur gibelin.

En Frioul, commande un seigneur-évêque : c'est plus
simple. Enfin, au bout d'un certain temps, le podestat
donnant peu de satisfaction, on court se mettre sous la
protection d'une grande ville voisine, d'un État prochain.
Et les villes du Frioul pensent à Venise. L'occasion
ne tarde pas à se présenter. En 1410, Sigismond de
Hongrie nomme patriarche du Frioul le duc de Tech
qui est attaqué par le comte de Gorizia envahisseur du
Frioul. Cividale, aussitôt, de se tourner vers Venise à
qui elle promet de la défendre, elle aussi, aux défilés des
Alpes. Instantanément tous ceux qui se disputaient se
ruent ensemble et d'accord sur la malheureuse Cividale,
roi, patriarche, duc et comte. Venise accourt, nettoie la
place, et installe un patriarche à elle, Scarampo qui
renonce à ses droits sur Aquileia, et au titre qu'il portait

toujours de patriarche d'Aquileïa avec résidence à Cividale ou à Udine. Cela, en 1439 : le Frioul politique est mort ; Venise a bien protégé Cividale, en l'avalant. Avez-vous jamais lu *Le Petit Chaperon Rouge* ?

La belle époque d'Udine est maintenant commencée sous l'égide de Venise qui lui prodigue ses faveurs. Udine est la clef du nord, qu'il faut tenir bien graissée. Cividale reste seulement, de par sa situation géographique, un marché important. Lors de la ligue de Cambrai, Cividale se conduit héroïquement. Mais en 1530, Charles-Quint lui arrache Tolmino son seul rempart, et Venise ne le défend pas. En 1918 Tolmino était encore autrichien, après les vicissitudes éphémères et sans nombre de 1797 à 1815. Udine, dès le xve siècle, a définitivement remplacé Cividale. Elle est devenue et est restée la capitale friulane, et c'est elle, pour son importance et sa situation, que le général Cadorna choisit en 1915 pour y installer son état-major.

***

J'aurais voulu pousser jusqu'à Venzone, en passant par Gemona. Car, rien comme ces deux villes ne peut faire mieux comprendre les problèmes étroitement matériels qui se posent à côté des spirituels. Ce serait une grossière erreur de croire que l'histoire se déploie exclusivement pour des raisons philosophiques, n'est agie que par de hauts sentiments ; c'en serait toutefois une autre de s'imaginer que les besoins et les appétits seuls la font. Les motifs profonds s'éveillent au heurt des superficiels, et ceux-ci viennent préciser, concréter ceux-là. L'histoire de Gemona et de Venzone est caractéristique à ce point de

vue, deux villes sœurs, encore, mais situées sur le même
fleuve dans la même posture, à six kilomètres l'une de
l'autre, et donc qui vivent des mêmes ressources, inca-
pables dès lors de ne pas se jalouser. Et toutes les
querelles de patriarches, comtes, empereurs, ducs, etc.,
auxquelles nous venons d'assister à Aquileia, Cividale,
Udine, de se transformer aussitôt, à Gemona et Venzone,
en pure question de gros sous. L'une trouve que l'autre
perçoit trop de droits sur les marchandises qui montent,
l'autre sur celles qui descendent. Et qui a droit à l'entre-
pôt, de la première ou de la seconde? Les voisins inter-
viennent, pour croquer l'huître bien entendu : le
patriarche et l'empereur saisissent les douanes. Et ça
recommence, jusqu'au jour où l'on plaide devant Venise,
cette fois définitivement — qui en doute?

Rien n'est curieux et édifiant comme de voir se maté-
rialiser ainsi la haute querelle d'Aquileia et de Cividale.
Pour bien comprendre toutefois, il faut connaître les
lieux, les gorges du Tagliamento grossi de la Fella, les
deux rives, me dit-on, si contrastées, la droite toute
verdoyante, la gauche aride et glacière. Que ne peuvent
suggérer aussi les monuments! La possession directe
explique bien des obscurités des livres. Mais Gorizia et
Aquileia m'appellent avec insistance. Une autre année, je
descendrai des Dolomites par Tolmezzo et gagnerai
Venise par la vallée du Tagliamento, par Venzone et
Gemona. Il faut savoir se limiter en voyage, et il me
semble que, ce soir, à Udine, ma rêverie sur les
patriarches d'Aquileia m'a entraîné bien loin?

XII

LES ROIS DANS LA CAVE

CHARLES Nodier, que je ne vais pas tarder à rencontrer
pour une conversation plus intime, écrit de l'Isonzo :
« L'Isonzo la plus élégante des rivières de l'Italie et de la
Grèce, qui roule, profondément encaissée entre deux
montagnes d'un sable d'argent, ses flots bleu de ciel,
aussi purs que le firmament qu'ils réfléchissent, et dont
ils n'ont pas besoin d'emprunter l'éclat : lorsqu'il est
voilé par des nuages, l'habitant de Gorizia retrouve son
azur à la surface limpide de l'Isonzo. »

Ah! ces romantiques! Un fleuve n'a jamais que la
couleur du ciel qu'il reflète. L'Isonzo est bleu parce que
le ciel de Gorizia est presque toujours pur ; mais, quand
il pleut, l'Isonzo est gris, comme les camarades sous la
pluie. Quant à l'élégance, je ne l'ai point remarquée.
Avant d'arriver à Gorizia, l'Isonzo coule profondément
encaissé entre de hautes montagnes, dont le fameux
Sabotino, théâtre de beaux exploits pendant la guerre.
Et, au sud de Gorizia, il serpente à travers le Carso

désolé, pierreux et sans verdure, jusqu'à ce que, las de ne refléter que le ciel, il se perde sous terre sans avoir même le courage de se jeter à la mer. Tout cela est âpre, sauvage même, élégant en rien. Gorizia, elle du moins, est charmante, si ce n'est élégante. Peu de villes jouissent d'une situation aussi favorable, au bord du fleuve, sa conque toute ouverte au midi, les hauteurs, couvertes de forêts, de Ternova la protégeant des vents septentrionaux. Ainsi abritée et découverte à la fois, Gorizia offre le plus calme et le plus doux séjour.

La ville, par elle-même, ne présente pas un intérêt capital. J'y étais déjà venu pendant la guerre. Et à son souvenir pittoresque se liera toujours en moi celui de cette visite aux soldats d'Italie, du déjeuner au quartier général abrité dans un palais où se voyaient quelques trous d'obus flatteurs, du passage de l'Isonzo sur le pont de bois tandis qu'un aéroplane autrichien tournait autour de nous encadré d'éclatements de shrapnells, de la montée au château entre deux rangs de claies de camouflage, de la vue, par les créneaux, des lignes autrichiennes du San Gabriele dressé à quatre ou cinq cents mètres à vol d'oiseau ou de bombe de mon observatoire. Gorizia fut un des premiers gains de l'armée italienne, l'un des plus sensibles à l'orgueil légitime de la nation. Elle a payé cher sa conquête. Deux années durant, elle est restée sous le canon ennemi qui l'a saccagée. Les ravages sont ici bien plus nombreux qu'à Trévise, et, s'ils ne furent pas plus considérables encore, l'espoir des Autrichiens de rentrer en possession de la ville dut y contribuer en quelque façon : si l'ennemi l'avait voulu, il ne resterait pas de Gorizia pierre sur pierre. Caporetto justifia un instant cette précaution. Les Autrichiens revinrent à Gorizia sans coup férir — et en repartirent de même en 1918.

Je la retrouve telle que je l'avais vue, et même déjà en partie remise à neuf. A chaque instant on se heurte à une ruine totale ou partielle, mais ruine que les ouvriers s'emploient activement à relever. Les églises et le municipe ont souffert à des degrés divers ; on ne peut dire que la destruction soit irréparable. Ce qu'il y avait de plus précieux dans les monuments et pouvait être emporté, fut sauvé. Derrière l'armée s'avançait le service de protection, qui se mit immédiatement à l'œuvre. Le musée, les églises, la bibliothèque très riche, et même les villas particulières furent vidés de leurs œuvres d'art : le canon de Ternova pouvait tonner ; il ne frapperait rien d'essentiel au point de vue archéologique, scientifique ou artistique. Les villas étalées le long des larges boulevards ombreux cachent leurs plaies sous les branches déjà grandies, et Gorizia active, animée, reprend peu à peu son aspect saisonnier. On pourra bientôt y venir passer les mois rigoureux, comme on faisait depuis que nos rois déchus lui avaient demandé abri et repos.

Pour nous, Français, et à défaut de toute autre curiosité importante, l'intérêt de Gorizia est là tout entier. Comment, quel que soit notre sentiment intime, ne serions-nous pas invinciblement attirés vers cette Gorizia qui, sous le nom de Goritz, fut choisie par Charles X pour y finir ses jours ? Là-haut, sur un piton, se dresse le modeste couvent de Castagnavizza, vieille bâtisse sans caractère, si éloquente pourtant ! Les Taubes l'ont frappée avec acharnement, sans l'abattre toutefois. Surtout sans pénétrer jusqu'au caveau où reposent six cercueils dont quatre ne peuvent qu'éveiller en nous une pitié infinie. Ci-gisent

Charles X, le comte de Chambord, le duc et la duchesse d'Angoulême qui ont admis auprès d'eux la comtesse de Chambord et la sœur de celle-ci.

Et tandis que j'y montais, en 1917, regardant vers le San Gabriele où je voyais s'agiter les Autrichiens autour de leurs batteries, je me rappelais la fin lamentable de ces tristes rois qui payèrent de ce tombeau misérable et presque injurieux leur propre sottise sans doute, mais aussi la démence de leurs pères. Et si Charles X ne pouvait parvenir à éveiller ma compassion, pouvais-je résister à la mélancolie de me dire : ici repose, sur la terre étrangère, la fille de Louis XVI, l'enfant du Temple née à Versailles, grandie dans l'exil, femme aux Tuileries auprès d'un mari, le duc d'Angoulême, qu'elle n'avait vraiment pas mérité? Si Chambord est ici, c'est qu'il le voulut bien, du moins en partie : un peu plus d'intelligence ou même de docilité, et sans doute il régnait. Mais elle? l'enfant martyr qui, jusqu'à sa mort, vécut sous l'impression des terreurs de son enfance!

Le 30 juillet 1830, la famille royale s'était sauvée de Saint-Cloud, avait passé à Rambouillet, puis à Maintenon, et de là avait gagné l'Angleterre. Un premier asile lui avait été donné par un lord, à Lullworth. Elle n'y resta que six semaines, et gagna l'Écosse où le roi d'Angleterre, se souvenant de l'hospitalité offerte à Jacques II, à Saint-Germain, ouvrit les portes d'Holy-Rood, à Édimbourg. Je connais Holy-Rood, le charmant Holy-Rood dans la rayonnante Édimbourg. Quelles durent être, n'est-ce pas, les pensées de ces malheureux au milieu des souvenirs de Marie Stuart, galants et sanguinaires? Si la famille exilée ne se fixa pas à Édimbourg, le fait seul d'en avoir accepté l'asile suffit à nous persuader de son insensibilité. La triste et terrifiée duchesse d'Angoulême, elle encore, ne pouvait qu'obéir, traînant son corps indifférent. Elle en avait tant vu, qu'un échafaud de plus dans sa mémoire ne pouvait la faire reculer. Mais que dire de ce Charles X qui ne répugne ni à venir à Holy-Rood ni, surtout, à y conduire Marie-Thérèse? Le malheureux, s'il eut quelque velléité de répulsion, se hâta d'en inscrire la victoire à son actif sur le livre de son salut éternel — et du salut des enfants qu'il traînait à sa suite.

Quatorze mois passèrent à Holy-Rood, dans l'ennui et l'espoir. Lorsqu'il fut bien certain que Philippe resterait aux Tuileries, Charles se remit en route, renonçant à rentrer en France. Il passa en Autriche, et partagea son temps entre le château de Butschiegrad et, à Prague, le palais de Hradschin dont Chateaubriand par son récit des *Mémoires d'outre-tombe* ne nous permet plus d'oublier la solitude, la froidure et la misère dorée. Des visites de ce genre étaient rares; il n'est pas beaucoup de Chateaubriands en ce monde, même qui ne fassent que passer. Hradschin devint bientôt trop lourd au vieillard comme aux enfants, Chambord et sa sœur. On partit pour Kirchberg, en Basse-Autriche, que le duc de Blacas venait d'acheter. Mais là, autre solitude, aussi funeste. Et l'on refit les malles. Pour Gorizia, cette fois. La petite troupe royale y arriva le 21 octobre 1836. Il y avait six ans qu'elle errait. Elle ne trouva le refuge que pour perdre son chef. Seize jours après son installation Charles X mourait, et son corps fut porté à Castagnavizza, le couvent de franciscains autrefois ruiné, au cours des guerres, par les Français, et reconstruit grâce à l'économe libéralité de Marmont, duc de Raguse, gouverneur d'Illyrie.

La famille privée de son chef, continua à vivre à Gorizia, serrée maintenant autour du duc d'Angoulême et de Marie-Thérèse. Chambord comptait seize ans; il put enfin revoir sa mère que Charles X persistait à tenir éloignée, et que Marie-Thérèse admit enfin au foyer. Huit années s'écoulèrent. Le duc d'Angoulême mourut et fut enterré auprès de son père. Marie-Thérèse quitta alors Gorizia, et se retira à Frohsdorff qu'elle venait d'acheter. Elle fut ramenée à Gorizia dans son cercueil par le comte de Chambord en 1851, Chambord qui lui-même la rejoignit en 1883.

Remonter aujourd'hui là-haut, pour revoir ces tombes, à quoi bon? Je sais qu'elles sont là, intactes, telles que je les ai vues. Si, en dépit du canon qui frappait autour d'elles, et qui ne parvenait pas à leur donner un peu de majesté, elles m'apparurent pitoyables, vraiment indignes de ceux qu'elles contiennent, et qui sont faits un peu de nous-mêmes, à quelle sévérité je m'exposerais devant cette piètre misère que plus rien ne peut défendre contre la justice! Souvenir engendre indulgence. Et je me souviens effaré de ce caveau aux six cercueils pleins de siècles — et qui n'en éclatent pas! Ce caveau? Non, cette cave, véritablement une cave, étroit et strict espace voûté où les six sarcophages de marbre serrés les uns contre les autres permettent à peine de passer entre eux. Leurs bases se touchent. De gros blocs de marbre blanc, alignés trois par trois, et c'est tout juste si l'allée du milieu est assez large pour qu'un homme arrive jusqu'au fond. Lorsque j'y entrai, cet espace était à moitié plein de livres, la bibliothèque du couvent : Charles X bibliothécaire! Il n'avait jamais vu tant de livres de sa vie.... Il les a mieux gardés mort que son trône vivant, toutefois. L'expérience,

peut-être? Et mon regard est allé tout de suite au sarco-
phage de la duchesse d'Angoulême, embrassant d'un
éclair de souvenir toutes les étapes de cette vie lamentable. Chambord aussi attirait ma compassion. Mais tous
réunis ensemble ne faisaient que m'accabler.

Dirai-je, et non sans raison, que le dernier roi légitime
ne méritait pas plus d'honneur pour n'avoir vraiment pas
assez appris de l'adversité? Charles pouvait, après tant
de malheurs, devenir un roi digne de son royaume et de
son nom; il n'aurait eu qu'à réfléchir et à aimer. Chambord resta fermé à toute pensée, lui aussi, et à toute abnégation; et les autres, les Angoulême, à quoi rêvaient-ils
jamais, s'il est peut-être par trop cruel de prononcer le
nom de Marie-Thérèse autrement que pour la plaindre?
Quand on a passé l'enfance qu'elle connut, on a droit au
respect du silence. Oui, silence et condamnation, tout est
dû et mérité. Mais ajouter à l'insignifiance et à la malfai-
sance de ces rois de France, y ajouter l'injure de cette
misère! Il arrive souvent que la mesquinerie d'un tombeau compose la plus splendide des tombes; c'est que le
cercueil qu'il abrite contient d'héroïques ou géniaux
ossements. A Florence, à San Lorenzo, la pierre du vieux
Cosme. Au Panthéon de Paris, Voltaire sous son céno-
taphe de carton peint. Cosme et Voltaire se magnifient de
cette humilité. Mais ceux-là! A les voir ainsi jetés dans
un coin, dans un trou grand comme la main, on pourrait,
s'ils avaient été Henri IV ou le Régent, ressentir un bel
orgueil raffiné pour la signification spirituelle que prendrait ce dédain. Ces pauvres gens sans génie, sans talent,
sans esprit, sans jugement, ces « fin de race » épuisés,
puisqu'ils n'ont rien qui les distingue, comment s'apercevoir qu'ils furent quelque chose, si personne ils ne sont?

Ils ne méritaient guère davantage, inutiles ou nuisibles ils ont passé, soit! Mais nous? Mais leur royaume de France? Mais la France tout court? Quoi qu'on pense d'eux, ils sont les derniers enfants des rois qui pendant près de mille ans ont présidé aux vicissitudes de la France. Les plus riches lambeaux de notre histoire sont tombés du manteau de la race. Il est absurde de dire qu'ils ont fait la France qui s'est faite, presque toujours, malgré eux, en dépit de leurs sottises et de leurs exactions. Quelques-uns ont aidé du moins, en ne la contre-carrant pas, cette France laborieuse et persévérante dans ses travaux et ses peines. Et quand même! Charles X, la fille de Louis XVI et Chambord ne peuvent pas n'être que des personnes, ils sont des symboles qui nous résument tous, en dehors de notre juste jugement. Tant que nous incarnerons dans les chefs les idées et les sentiments des peuples, et l'histoire ne renoncera pas de longtemps à le faire, je le crains, ces descendants de Louis XIV, qu'on l'admette ou non, personnifieront les siècles de notre histoire. A cause de celle-ci et de nous, la cave de Castagna-vizza est indigne de ces Bourbons et de nous.

Tant que Chambord vivait, il gardait près de lui ceux qui avaient veillé sur sa triste enfance abandonnée, et les compétitions de famille rendaient la cave de Castagna-vizza touchante et digne. Mais aujourd'hui? Il n'est pas un Français, venant ici, si détaché de tout qu'il soit, pompes et superstitions de ce monde, qui puisse ne pas se sentir humilié ou révolté. Sur la porte de la cave on lit une inscription, hommage de souvenir fidèle. L'ont signée : « les royalistes de Bédarieux ». Oui, la leçon est forte; trop forte même. De tant de grandeur, d'amour, d'adoration d'un peuple, il reste Bédarieux. C'est tout de

même cruel, et d'une injuste justice. Restera-t-elle longtemps encore abandonnée dans la cave boiteuse de Castagnavizza, la dépouille de nos derniers rois? Napoléon aux
Invalides, Charles X et Chambord à la cave, le contraste
est trop grand. A chacun selon ses œuvres, oui encore.
Mais ceux de la cave ne furent-ils pas un peu victimes,
aussi? Et s'ils payèrent pour d'autres, que le mérite des
autres leur serve en même temps.

XIII

VÉNUS ET THÉODORE

Aquileia.

Pour venir ici j'ai traversé l'extrême pointe occidentale du Carso qui se montre dans sa plus sèche rigueur. Je sais que là-bas, et je le verrai bientôt, là-bas autour de Trieste, le Carso apparaît moins sinistre et même, parfois, assez vert. Mais ici, au bord de l'Isonzo, il semble avoir déversé tout l'excès de ses cailloux dont il forme des montagnes à décourager toute escalade. On s'y est battu, pourtant; je suis venu à Doberdo, à San Martino, pendant la guerre — et même mon apparition au-dessus d'un mur bas de Doberdo fut saluée fort honorablement pour moi par une batterie autrichienne postée au bord du lac, à un kilomètre de là. Je ne me le rappelle aujourd'hui que pour bien me convaincre que des hommes ont réellement mené la guerre parmi ces pierres, sans abri possible autre que les pauvres murs qui s'écroulaient autour d'eux.

Des milliers de tombereaux de démolitions, des milliards de galets, des centaines de rochers émiettés, le

tout bousculé, chaviré, pêle-mêle et en tas, voilà le Carso,
avec çà et là des masures réunies et que l'on nomme villages. Ce qui en reste aujourd'hui ne peut qu'ajouter au
tas, le canon ne le justifiant plus. Mais que faisaient ici
des hommes, comment y vivaient-ils? Ces cailloux dont
on aura une idée assez nette en pensant aux Pouilles que
je vis autrefois autour d'Andria, ces cailloux ne sont pas
nivelés, pas plus qu'à Castel del Monte. Il y a des trous,
des protubérances, du vallonnement enfin. Entre chaque
éminence, au milieu des dépressions, des entonnoirs se
sont alors formés, de taille différente, allant de trois ou
quatre mètres de diamètre à vingt ou trente, sortes de
petits cratères profonds de trois ou quatre à dix ou quinze
mètres. Le long des parois de ces cratères un peu d'herbe
pousse quelquefois, mais rien d'autre. Au fond, cependant, quelques centimètres de terre végétale se sont tassés;
et cela forme un plan de quelques mètres carrés. C'est
ce plan que l'on cultive. L'un porte des pommes de terre,
l'autre du blé, et le village vit. Parfois, au lieu de terre,
de l'eau stagne, jaillie ou tombée du ciel. Car le plateau
du Carso, table calcaire, est parcourue dans ses dessous
par une infinité de ruisseaux, et même des rivières
comme le Timavo ou l'Isonzo qui, ne réussissant pas à se
frayer un chemin à travers cette mer de cailloux, se
faufilent dessous. Et çà et là, un filet profite d'une fissure
et vient s'étendre au fond de la cuvette qui alimente le
village. Le désert d'Afrique est ici en miniature, de pierres
au lieu de sable, et avec ses minuscules oasis.

Voilà ce que les Italiens ont conquis dès les premiers
jours de la guerre. Ils ont franchi l'Isonzo et sont partis à
travers les pierres, sans abri ni tranchées possibles,
n'ayant pour les relier à l'arrière que les ponts de l'Isonzo,

et voyant devant eux, au-dessus d'eux, les surplombant, sans qu'un seul geste pût échapper, un seul pas rester inaperçu, les canons ennemis postés sur les montagnes de Gorizia. Il a fallu sauter de caillou en caillou, d'entonnoir en entonnoir; je suis entré dans quelques tranchées; elles effleuraient à peine le sol, visibles du plus loin qu'on regardât. Je ne crois pas qu'il y ait eu sur toute la ligne européenne de plus terrible front, qui demandât plus de volonté et de force d'âme à ses conquérants. Mais Trieste était au bout. On la voyait, parfois, de quelque hauteur : il le fallait pour qu'on tînt. Quelle foi restait nécessaire pour que les armes ne tombassent pas des mains! Traverser cette immensité de galets, sauter de l'un à l'autre, les conquérir un à un sous le feu, telle était la tâche, si l'on voulait jamais atteindre le but. Et plus l'Isonzo s'éloignait, la base unique de l'Isonzo, plus l'angoisse était grande de rester perdu dans cette désolation où l'obus éclatant vous criblait de cailloux aussi meurtriers que ses balles. Les Italiens se sont emparés, cependant, à peu près de la moitié de ce Carso occidental. Peu à peu ils ont avancé, avec une ténacité qui confond. Caporetto annihila tant d'efforts. Vittorio Veneto permit du moins de ne pas accomplir de nouveaux sacrifices : dès le 30 octobre Trieste se délivrait de ses tyrans et tendait la main à ses frères.

En avançant vers la mer, peu à peu la terre meuble se fait moins rare; des haies, des arbres apparaissent, et, passé Villa Vicentina où mourut Élisa Bacciochi, voici la morne plaine, toute humide des eaux qui affleurent,

où Aquileia garde encore enfouis, autour de sa basilique,
nombre des richesses romaines qui manifestaient sa
gloire et sa puissance. Pauvre bourg aux rues larges et
vides, Aquileia peut et doit renaître au bruit retentissant
des pioches qui feront jaillir les reliques. Depuis les
Romains jusqu'aux Lombards, elle connut huit cents ans
de domination. Les Barbares, les tremblements de terre,
la malaria et l'indifférence des siècles l'ont peu à peu
dépeuplée et délaissée. Combien de voyageurs viennent-
ils jusqu'ici? Et pourtant la basilique compte parmi l'une
des plus belles d'Italie, le musée parmi les plus riches.
Mais l'Autrichien ne se souciait pas d'attirer des visiteurs
à Aquileia qui affichait trop insolemment sa romanité.
Il s'opposait aux fouilles, presque toujours, et si quelque
relique, néanmoins, était mise au jour, il se hâtait de
l'emporter à Vienne s'il pouvait la soustraire au musée,
ou bien il la noyait parmi les pierres vénérables qu'il
accumulait à dessein sans ordre et sans choix.

Dès que l'armée italienne arriva à Aquileia, le service artistique s'occupa d'emporter au loin ce qui était
transportable. Les Autrichiens avaient pris un soin semblable; ils avaient envoyé à Vienne, dès le début de la
guerre, plus de seize cents pièces du musée. Elles ont
été rendues depuis. La paix faite, on reprit les fouilles
dont je viens de voir, au pied du campanile, les travaux
en cours, et qui sont destinés à mettre au jour les fon-
dements d'une église à grand atrium et dont les Autrichiens découvrirent en partie, autrefois, la mosaïque
qu'ils se hâtèrent de couvrir de terre. D'après ce que
j'ai cru deviner, va bientôt être révélé un ensemble de
constructions qui sera fertile pour le renom d'Aquileia.

Aujourd'hui Aquileia, c'est encore et à peu près uniquement sa basilique, la plus vénérable d'Italie lorsqu'on songe qu'elle date des premières années du XIᵉ siècle, et qu'elle fut élevée sur les ruines d'une église chrétienne du IVᵉ. Ce qu'elle nous rappelle, ce sont les temps des premiers chrétiens, ceux d'Ausone, ceux d'Attila qui brûla tout, ceux des Lombards qui respectèrent et même embellirent puisque le patriarche Popone, l'un de ces patriarches que nous avons connus à Cividale, évêque-prince, fastueux soldat, le patriarche Popone releva en 1024 la basilique réparée, plus tard, en 1350, à la suite d'un tremblement de terre, par l'un de ses successeurs.

Au bout d'une large place le campanile solitaire dresse sa maigre silhouette toute fine et pointue. Au temps des splendeurs, il jouait sur ce rivage le rôle du campanile de Venise, signal pour le navigateur qui se dirigeait d'après le point qu'il marquait. A côté de lui, simple comme une grange à peu près, la basilique ouvre son portique construit avec des matériaux romains provenant de l'amphithéâtre sans doute, construit postérieurement à la basilique lombarde et sur l'emplacement de son atrium. Il unissait autrefois l'église au baptistère; il l'unit encore, mais à un baptistère à peu près abandonné.

Lorsque nous entrons dans une basilique, si familière que soit sa conception à nos yeux de voyageurs d'Italie, nous devons toujours faire effort pour en admettre l'aspect général et les détails architectoniques. Ces longues nefs à murs pleins, ce haut mur sur les colonnes, à peine percé de rares et étroites fenêtres, ce plafond droit fait de poutres alignées, cette abside elle-même dont rien n'intercepte la vue, tout cet ensemble dépouillé, où seuls les chapiteaux et la fresque ou la mosaïque absidiales fleurissent quelque décor, heurte nos habitudes des styles ou gothiques ou récents. Nous avons peine à loger ici la divinité si richement abritée dans nos temples. L'église nous l'admettons difficilement modeste et nue, lorsqu'elle prétend à la grandeur, à l'importance. Pourquoi, cependant, demander aux choses ce qu'elles ne peuvent offrir? N'est-il pas préférable, acceptées, de les comprendre? Sans même soulever le problème de savoir si la sévérité de la basilique ne répond pas davantage aux convenances que tels Gesuiti insolents, sachons du moins nous rendre compte de ses origines et de son usage. La basilique chrétienne n'était pas un temple exclusivement. On y célébrait le culte, mais d'autres cérémonies aussi. Elle n'est pas d'invention chrétienne, mais simplement d'appropriation. Les chrétiens qui s'y réunissaient, païens la veille, continuèrent à y venir, y installant leur culte avec eux. La cérémonie terminée, le monument retournait à son usage public de tribunal, de marché, de réunion oisive. Il est bien remarquable qu'il n'y ait pas, dans les basiliques, de place architectoniquement indiquée pour l'autel et le trône épiscopal plantés au centre, en l'air comme on dit. L'usage laïque était même plus constant et fréquent que l'usage religieux, et ce n'est qu'avec le temps que les basiliques furent réservées exclusivement au culte.

Ainsi regardée, sous cet angle véritable, la basilique prend aussitôt sa valeur totale, en plein accord architectural avec sa destination. Celle d'Aquileia, de toutes celles que j'ai vues, est certainement celle qui s'offre sous l'aspect le plus dépouillé de tout décor étranger et de toute adjonction foncière, sauf le toit, bien entendu, que la basilique païenne ne comportait pas. Seuls les chapiteaux qui datent de la réfection du xii° siècle en détruisent légèrement l'harmonie sévère. Et si quelque merveille est à constater, c'est que le patriarche Markward, de 1350, ait respecté avec tant de scrupule les lois mêmes du monument, se contentant d'enrichir les colonnes de quelque acanthe et l'abside de fresques nouvelles plus brillantes. Il est un trésor cependant que Markward ni même Popone, sans doute, ne soupçonnaient pas, et c'est la mosaïque qui gisait sous leurs pieds.

Heureuse ignorance! Que resterait-il de cette mosaïque aujourd'hui, si les patriarches l'avaient connue? « Aucun désastre n'a fait autant de plaisir à l'humanité que la destruction de Pompéi. » Combien de beautés nouvellement apparues cette pointe de Gœthe ne pourrait-elle piquer!

C'est en 1910 que la découverte fut faite, au cours de travaux de réfection d'égouts. On aperçut un bout de mosaïque dans un angle de la nef de droite, sous le pavement. On chercha plus loin, et bientôt toute l'église apparut couverte de ce grand tableau de pierres de couleur, remontant à l'époque de l'église chrétienne détruite par Attila. Que s'était-il donc passé? Ce qui s'est passé partout en Italie, à Rome comme à Aquileia. Lorsque Popone voulut reconstruire la basilique, il fit niveler la ruine d'Attila et bâtit dessus. La mosaïque resta enfouie pendant neuf cents ans, au bout desquels elle étala aux yeux ravis toute sa fraîcheur. Que représente-t-elle? Les primitives légendes et les premiers symboles du christianisme à son aurore. Le poisson dont les lettres du mot grec forment, on le sait, les initiales de la phrase : Jesus Christus Dei Filius Salvator; la croix; les mythes christianisés d'Orphée et de Psyché; la lutte entre le

coq et la tortue, c'est-à-dire entre la lumière chrétienne
et les ténèbres païennes; deux cerfs courant vers le bon
pasteur. Puis des scènes de la vie populaire religieuse :
les fidèles apportent le pain et le vin pour les faire bénir;
d'autres tendent les offrandes qu'ils viennent déposer au
pied de l'autel, des fleurs, une colombe; les portraits des
fidèles qui ont aidé Théodore à bâtir la basilique. Au
fond enfin, une seule scène occupe toute la largeur : la
mer poissonneuse, image de l'Église, avec Jonas englouti
et rejeté personnifiant Jésus-Christ ressuscité.

Déjà en me rappelant, à Cividale, l'histoire des
patriarches d'Aquileia, j'avais la sensation d'une société
plus civilisée que les rares témoignages parvenus ne
nous disposent à le croire. A Aquileia il s'agit des temps
qui ont précédé Attila, et cette mosaïque me les montre
presque raffinés, quelle qu'en soit l'innocence.... L'exécu-
tion en est adroite à l'extrême, en effet, et presque mali-
cieuse. L'abbé Costantini, archéologue impeccable, et
qui fut, avant d'occuper le trône épiscopal de Fiume, con-
servateur du musée d'Aquileia et directeur des fouilles,
la dit même œuvre de décadence. Il accuse ces brillants
tableaux de faiblir dans le détail, si la conception générale reste grandiose. « De grandes idées exprimées avec
force, mais la phrase n'est plus ciselée. » Le mot de décadence jette ici la juste lumière. Les chrétiens de Théodore
étaient des enfants de Rome, c'est-à-dire de la civilisation
la plus achevée. Souvenons-nous des débuts d'Aquileia,
en quel état la trouvèrent Ausone et Julien l'Apostat, et
aussitôt les mosaïques de la basilique nous fourniront le
motif de suggestives évocations. Ici, et dans combien
d'autres lieux d'Italie, d'où ils ont disparu sans laisser de
traces, ici ont vécu des hommes aux mœurs polies, au

savoir étendu, aux goûts les plus fins, et parmi lesquels
le christianisme était venu verser la jeunesse de sa foi
miséricordieuse et pleine encore de douceurs. On est au
lendemain de l'édit de Constantin; le fanatisme et l'into-
lérance n'ont pas encore eu le temps de corrompre la reli-
gion du Dieu d'amour. La mosaïque que les fidèles dessinent ne prend dans les nouveaux mythes que ceux de
grâce et de bonté et, ne pouvant encore renoncer entièrement à leurs fables païennes, ils évoquent Orphée et
Psyché, les plus gracieuses et tendres légendes que la
mythologie nous ait léguées. Quelle dut être belle, cette
aurore du christianisme tendant les bras! Comme toutes
les enfances, celle-ci fut divine. Les hommes grandis-
sants ne tardèrent pas à salir leur croyance, et Attila la
trouva déjà pervertie. Popone, Théodore ne l'aurait
jamais reconnu pour l'un des siens; la mosaïque disparut
justement, n'ayant plus sa place sous les sandales d'or du
riche Lombard. Popone fut enterré au centre de l'église,
à côté de Théodore. On dut briser une partie de la
mosaïque. On la connut donc. Elle n'intéressa pas. Pour-
rions-nous dire davantage de la véritable décadence, cette
fois, que n'en dit ce dédain de Popone et des siens pour
le chef-d'œuvre romano-chrétien? Il fallut vraiment que
les temps fussent révolus pour que Théodore au contact
de Popone ne bondît pas dehors son cercueil!

C'est que Théodore vivait dans un siècle apaisé si l'on
songe à ceux qui précédèrent et suivirent. Il y avait eu des
martyrs à Aquileia, et les Ariens viendront. Mais tout le
monde était d'accord, maintenant, pour se tolérer. Et
Théodore ne fut pas plus farouche après sa mort que de
son vivant. Il accueillit Popone auprès de lui comme il
avait accepté d'installer son église dans des meubles

païens. C'était l'innocente époque où les basiliques, ces lieux publics, devenaient temples. Théodore ne se montra pas difficile, et, que le monument d'Aquileia fût une basilique ou servît à un autre usage, Théodore s'en empara. Cela a été établi péremptoirement par les études de Niemann qui, en 1896, explora méthodiquement la crypte. Cette crypte, peu profonde d'ailleurs, est inscrite dans un mur rectangulaire antérieur à la construction de l'abside. Ce mur est romain. Les fenêtres en sont plus basses que le cimetière d'aujourd'hui. Elles sont aussi plus basses que celles de la crypte que l'on a ouverte dans la paroi et dans le mur circulaire intérieurs. Les deux époques de construction sont donc bien tranchées. Le seul doute concerne la date de la seconde. Théodore ou Popone? Les chapiteaux ne prouvent rien. Ils ont pu être utilisés par un Popone économe. On se propose de chercher encore. Peut-être qu'une exploration du sol entre la mosaïque et la crypte donnera des résultats. Dans tous les cas, Théodore utilisa les lieux païens.

Les peintures, elles, ne permettent aucune hésitation. Elles sont du temps des successeurs immédiats de Popone. Byzance pèse encore sur leur style. Et pourtant un commencement d'émancipation s'y fait lire. La composition reste figée, le trait ne possède aucune liberté, mais il semble qu'un peu de vie entre par les fenêtres du vieux mur romain. Les figures prennent une manière de personnalité. Elles n'ont pas encore des passions, mais déjà une âme. L'abbé Costantini dit d'elles : « Cimabue a passé par là. » J'irai plus loin, et je dirai : C'est du Giotto qui se cherche. Et je ne crois pas que Cimabue eût pu jamais devenir Giotto.

Enfin M. Ugo Ojetti a fait placer dans deux salles attenantes à la crypte les objets trouvés au cours des travaux divers opérés dans la basilique. Il y a là, entre autres, un véritable trésor pour l'histoire de la peinture, des fragments du plafond de l'église théodorienne. Ils sont demeurés quinze cents ans enfouis, et ils viennent de reparaître dans leur nouveauté ; ce sont les seuls restes de décoration d'une basilique du iv⁰ siècle, qui existent au monde.

Je n'ose guère insister. L'intérêt de tout ceci est limité. Il est grand, mais pour quelques personnes seulement. Ces peintures peuvent soulever des passions, mais bien spéciales et toujours restreintes. La science y tient la première place, pour ne pas dire unique. L'émotion, la sensation que le visiteur va cherchant sont à peu près absentes de ces débris. La basilique les procure abondamment. La crypte ne peut, il me semble, attirer que les archéologues. Je m'y suis oublié. Ce n'est point une raison pour que j'en ennuie mon prochain.

*
* *

La basilique, pourtant, ne pourrait à elle seule exprimer toute la grandeur d'Aquileia païenne aussi. La mélancolique cité morte ne livrera son dernier secret que dans son musée, musée riant et généreux, riche de fleurs et de marbres, le plus plaisant musée que j'aie vu, belle maison au milieu d'un grand jardin touffu d'arbres et de pierres, où l'on arrive de la grille à la porte sous une manière de treille, et où les salles inondées de soleil souhaitent la bienvenue de tous leurs marbres étincelants. Le musée d'Aquileia est relativement nouveau. Il date de 1882, formé

de la collection Bertoli, collection achetée aux descendants
de D. Bertoli, qui avait publié en 1739 un ouvrage sur les
antiquités d'Aquileia. Il en avait réuni quelques-unes dans
sa maison de la ville. En 1807, les Français avaient,
d'autre part, formé un musée public dans le baptistère.
Et vingt fois ce musée avait failli passer à Vienne ou à
Trieste. Une grande partie des objets trouvés à Aquileia
ont pris ce chemin, et d'autres aussi. Trieste, Vienne,
Londres, Berlin, Udine, montrent dans leurs vitrines des
antiquités d'Aquileia. Il me plaît assez que la France,
fondatrice du premier musée, ne puisse se parer d'aucune.
Pourquoi, puisque l'on a fait revenir de Vienne les seize
cents pièces emportées en avril 1915, au moment même
où l'Autriche offrait à l'Italie la région d'Aquileia, et donc
Aquileia, oui, mais toute nue, pourquoi ne rapatrierait-on
pas au moins de Trieste et d'Udine et des autres villes
d'Italie où il peut s'en trouver, les trouvailles faites à
Aquileia?

Ce musée est remarquable d'agencement et riche de
belles pièces. Il est certainement l'un des musées romains
et chrétiens les plus variés et féconds. Monuments funé-
raires, inscriptions, peintures, bas-reliefs, pierres gravées,
ouvrages d'or, d'argent, d'ambre, poteries, verreries,
toute la vie romano-chrétienne est ici. Depuis mes promenades dans les salles de l'entresol du musée de Naples, je
n'ai pas encore éprouvé de sensation aussi pleine. Et ce
que j'écrivais tout à l'heure sur la double civilisation de
ces pays abandonnés et inconnus depuis quinze cents ans
et davantage, je m'aperçois que je l'écrivais sous l'impression, non encore éclaircie mais ardente, du musée. Tout
y est signé d'hommes qui avaient accompli le tour des
vanités humaines et divines sans cesser de leur sourire.

d'hommes aussi, à côté de ces premiers, qui vivaient
éperdus du ciel nouveau découvert dans l'instant.
Nous avons pu, depuis leur temps, nous perfectionner,
on le dit du moins. En étendue peut-être, mais non
en profondeur. Nous savons plus de choses, d'autres
besoins nous tourmentent ou nous réjouissent. Mais ce
que nous apprenons, ce que nous goûtons, et prati-
quons nous ne le connaissons, ne l'aimons et n'y satisfai-
sons ni mieux ni davantage que ne firent de ce dont
ils se distrayaient ces hommes d'un âge mourant et nou-
veau-né.

Tout à l'heure, tandis que je regardais avec émotion la
petite Vénus aussi pure et tendre que la Vénus de l'Esqui-
lin que l'on voit au musée des Conservateurs de Rome,
une voix prononça derrière moi : « En voilà une qui n'a
pas les muscles aussi développés que les miens! » Je ne
sais et personne ne saura jamais à quel degré exact de
culture étaient parvenues, à Aquileia, la société romaine à
son crépuscule et la chrétienne à son aurore, toutes deux
mêlées l'une à l'autre et assises au même foyer; mais je
suis bien sûr que, fût-ce le dernier des maçons de ce
monde romano-chrétien, aucun être sorti de ces races
extrêmes et semblables n'eût jamais proféré quelque
parole comme celle-là puisée aux plus sinistres et inson-
dables abîmes de la bêtise humaine. Dès que je l'eus
entendue, l'atmosphère riante et embaumée s'en trouva
aussitôt empuantie et funèbre, et je m'enfuis, désespérant
de l'humanité. Plus tard je revins me purifier, me rassé-
réner au contact sans pollution des formes délicates, dans
une bienfaisante solitude. Et de nouveau les fins débris
brillèrent de toute leur fraîcheur, de leur native et jeune
grâce. Tandis que j'errais, laissant agir les effluves de la

fine beauté, sauta à ma mémoire le souvenir d'un livre nourri du plus pur amour de l'antiquité : *La fin du Paganisme*, du simple et charmant Gaston Boissier, où se trouvait peinte cette société pagano-chrétienne, d'une part fatiguée mais toujours jeune d'intelligence et de goût, et d'autre part impatiente de vivre, mais réduite à la seule bonne volonté. Le cadre où placer ces contraires harmonieux m'avait toujours manqué. En vain, avais-je, à Rome, tenté de les situer. Rome, lourde et formidable, écrasait ces ombres légères et fragiles. Où trouver la baguette assez souple et d'un dessin assez pur qui les entourerait? Je sais maintenant où la chercher et la modeler autour de mes fantômes que je promène, ravi, dans les plaines infinies et vides d'Aquileia, autour du haut campanile de Popone, dans les jardins profonds et les salles fraîches du musée. Les héros de Gaston Boissier trouvent ici le paysage et les fabriques propices à leurs entretiens désenchantés ou convaincus. Les jours coulent pour eux indulgents et tourmentés. Cyprès, haies vives, eaux dormantes, charmilles, pierres sculptées, fleurs brillantes, troupeaux à l'ombre, leur saveur est goûtée par tous, conscients. Les vieillards, las du vieux monde qui va disparaître avec eux, sourient aux jeunes hommes ardents qui s'en vont clamant la foi nouvelle dont ils attendent l'universelle félicité. Ces sages barbes grises sont trop averties pour ne pas connaître la vanité d'une telle assurance. Elles le sont trop aussi pour ignorer que les hommes prennent l'espoir pour premier guide. Combien acceptent la vie sans jamais en rien attendre? Elles laissent, débonnaires, les néophytes tout promettre et tout affirmer d'un avenir illuminé. La Vénus qui les rassemble à ses genoux comme elle me reçoit aujourd'hui à ses pieds

suffit à leur philosophie. Elles admirent, elles rêvent, elles
échangent des paroles de joie résignée, elles vont au
hasard des chemins sans limite où elles rencontreront
du moins la bienfaisante euthanasie qui les emportera
honnêtes et discrètes gens, encore plus loyaux et paisibles
citoyens désabusés.

XIV

FIDÈLE DE ROME

Trieste.

ON m'avait dit : « N'oubliez pas, sur la route de Trieste, de voir San Giovanni al Timavo ! » Bien des raisons me recommandaient de n'y pas manquer. Une église intéressante, l'embouchure du Timavo, vieux fleuve virgilien dont on ne connaît que le commencement et la fin, son cours étant perdu sous le plateau carsique, et, près de sa chute dans la mer, le château de Duino, vieux souvenir romantique cher à ceux qui lisent encore Charles Nodier.

Avez-vous lu *Jean Sbogar* ? Je l'ai dans ma poche. Je le lis depuis deux jours, et le finis à l'intant. C'est faire la part belle à un livre que d'en donner les pages à tourner au vent même qui fouette les paysages qu'il décrit. Respirer l'air où baignent des héros imaginaires communique à ceux-ci notre vie propre, les crée une seconde fois, nous porte à les aimer davantage, décuple l'intérêt qu'ils réclament. J'ai lu *Jean Sbogar* avant et après mon passage du Timavo, et ma visite à Duino. Peut-être aurait-il fallu le lire pendant ? Mais qu'aurais-je vu, dans ce cas, d'autre

que ses pages?... Est-ce parce que le problème est inso-
luble, ou bien est-ce ma faute à moi dégénéré, je ne sais,
mais je me ferais un scrupule de conseiller la lec-
ture de *Jean Sbogar*. Je professe pour Charles Nodier
un profond respect. Voilà juste cent ans, d'abord,
qu'il a écrit ce roman. D'en parler encore, même à
propos d'une rencontre, confère à l'auteur autant qu'à
l'œuvre un prestige nullement méprisable. Et qui serait
assez ingrat pour déprécier ce précurseur du romantisme,
même si, sur les bords de l'Isonzo, il se rend un compte
insuffisant des phénomènes physiques? On l'a appelé « le
dictionnaire des romantiques ». Pour mon goût, Paul-
Louis Courier offre aux écrivains un bien autre dictionnaire, tout aussi riche, plus purement alimenté aux
sources gréco-latines, et mille fois plus chargé du suc de
l'esprit français. Mais Nodier n'en est pas moins louable
d'avoir puisé au trésor des vieux maîtres dont la langue
du xviiie siècle s'était, par souci de clarté, exagérément
dépouillée. Charles Nodier accomplit une manière de révolution en remettant en usage les vieux meubles du style,
mots, locutions et tournures que le goût de Voltaire avait
portés au grenier. Ainsi montons-nous aujourd'hui chercher les fauteuils et les tables de nos grand'mères qui les
exilèrent afin de pouvoir garnir d'acajou leur salon.
Songez, pourtant, à notre détresse, si nos ancêtres
n'avaient pas eu de goût, c'est-à-dire n'avaient pas par-
tagé les idées de leurs contemporains, et donc avaient continué à se servir de leurs fauteuils? Nous ne trouverions
plus que des bancals et des éventrés. Nodier a fait comme
nous. Il est monté au grenier, et il a fourni à toute une
génération, la romantique, un matériel vieux-neuf qui l'a
enchantée, dont notre jeunesse s'est encore enivrée.

Mais c'était notre jeunesse. Nous vieillissons et Nodier avec nous, plus vite que nous. Soyons juste. Ce n'est pas la langue de Nodier qui effraie. Ses mots et tournures sont rentrés dans notre sang, ils nous sont tout aussi naturels que ceux qui y étaient restés. C'est le fond lui-même, prétexte et soutien de ces locutions, que nous repoussons sans pitié. *Thérèse Aubert* encore, ça va! Mais *Jean Sbogar*, impossible, mille regrets, comme on dit dans les coulisses. Vous ne me pardonneriez jamais de vous le faire lire, pas davantage de vous le raconter. Gardons de Nodier un bon souvenir, en nous tenant à l'Arsenal. Dans son rôle de patron, il fut parfait aussi, et les lettres lui doivent une reconnaissance éternelle. Ce n'est pas une raison pour le lire. Protection et lexique d'une part, littérature de l'autre font bien deux. Ne les mêlons pas, ne serait-ce que pour la gratitude qui doit rester entière.

Et s'il est permis encore de penser à *Jean Sbogar*, en passant à Duino, c'est pour pleurer sur les ruines confondues du roman et du château, de San Giovanni aussi. Car San Giovanni n'existe plus à côté du château écroulé, tous deux anéantis sous les obus acharnés, si le roman l'est sous les coups de l'indifférence. Seul le Timavo continue à couler dans la mer, en ruisseau prudent qui s'est caché jusqu'au moment du saut final. Elle n'a rien de solennel cette embouchure du Timavo, ne coupant même pas d'une échancrure la ligne de la plage. Le Timavo sort d'un rocher à fleur de terre, sur une largeur de quelques mètres, court vite, vite vers la mer, et s'y perd sans même qu'on s'en aperçoive. Il épouse la mer à sa sortie du monde, comme il a épousé la terre à son entrée, avec discrétion et mystère. San Giovanni le regarde toujours

de ses deux murs épargnés où deux ogives dessinent
encore deux yeux effarés.

Vous rappelez-vous les vers de l'*Énéide*, au premier
livre? « Antenor potuit, mediis elapsus achivis.... » Et la
suite qui nous raconte la fondation de Padoue, par
Antenor, aux bords du Timavo. Et cela est troublant. Ou
le Timavo du temps de Troie n'était pas le même que
celui d'aujourd'hui, ou il a changé de place et alors il ne
nous intéresse plus au titre virgilien, car manifestement
Padoue n'a rien à faire sur ce bord septentrional de
l'Adriatique. A moins que Virgile ignorât la géographie?
Et voilà comment les Français sont bien latins.

Mais qu'importe! Trouver les trois syllabes sonores au
texte sacré, cela suffit pour nous rendre chers les quelques mètres du lit caillouteux. La grande magie latine
opère en notre cœur nourri de sa moelle, et nous chantons
les nombres divins sans nous soucier d'autre musique
que scandée par le clapotis et l'écume. Les bombes allemandes ont pu détuire église et château, elles ne suppri-
meront pas l'*Énéide*, elles n'enlèveront rien de la poésie
de ce rivage où, bien avant Antenor, déjà les Argonautes,
ayant remonté le Danube et traversé, leurs barques sur le
dos, les Alpes juliennes, se confièrent aux eaux du Timavo
pour les porter à la mer. Quelle que soit, du moins, la
férocité des hommes, ils ne parviendront jamais à supprimer de telles légendes dans les âmes latines. Et ce
n'est pas à l'heure où la vieille Rome voit encore une fois
tous ses enfants repousser le Barbare, qu'elles risquent
de disparaître sous les ruines de San Giovanni et de Duino.

Si les Allemands, cependant, possédaient quelque sens
latin, pourraient-ils sans frémir monter, comme je viens
de le faire, dans les ruines de Duino? Sur un petit pro-

montoire rocheux du golfe de Panzano, au nord-ouest de
Trieste, tout à côté d'une autre ruine elle-même dressée
sur une autre pointe de rocher, le château de Duino
datait du xve siècle. Il était destiné à remplacer son voisin
qui n'avait jamais servi qu'à rançonner les passants, à le
remplacer selon des mœurs plus conformes à la politesse
du temps; leur histoire s'enchaîne. On parle déjà du lieu
sous Dioclétien. Au temps des patriarches d'Aquileia, un
seigneur féodal s'installe sur la pointe qui porte encore les
premières tours écroulées. Ce féodal, nommé Duino, et
dont on a fait sans aucune preuve un Franc compagnon de
Hugo de Provence, ce Duino se rend indépendant du
patriarche, et se met bientôt aux enchères devant Venise et
le duc d'Autriche. Il se fait guelfe ou gibelin selon le prix.
Bientôt il se décide pour le plus éloigné, — par affinité
sans doute aussi —, pour l'Autrichien qui lui donne des
territoires en Carnie, en Carinthie, sur le Carso. Venise
ne peut guère tolérer cette puissance nouvelle sur ces
bords où elle entend commercer paisiblement. En 1508 la
bannière de saint Marc flotte sur les tours de Duino dont
le seigneur ne manifestait plus sa puissance que par le
pillage des marchands, pillage exercé au nom du duc
d'Autriche dont il achetait, en partageant, la protection.
Æneas Sylvius, lui-même, avait voulu en finir avec ce bri-
gandage qui s'étendait jusqu'à Trieste et sur tout le Carso.
Un beau matin il se met en route pour porter à l'empereur
son ami, et dont il avait été le secrétaire, les plaintes de
Trieste. Duino le guettait au détour d'un chemin. L'éloquent Æneas ne dut son salut qu'à la vitesse de ses jambes.
Histoire « de sang et de colère », disent les archives de
Duino. Mais où sont-elles maintenant ces archives?

Les propriétaires actuels du Duino construit à côté du

château médiéval rasé enfin, les conservaient avec soin. S'ils les avaient rangées dans leurs armoires de Duino, elles n'existent plus. Je viens de monter, à peu près à la façon des chats, dans la vieille demeure écroulée. Il n'y a plus rien que des marches pendantes, des voûtes crevées, des plafonds béants, du vide et des murs menaçants. Qu'il devait être charmant, ce château plongeant dans la mer de toutes ses fenêtres larges ouvertes, avec ses galeries lumineuses, sa cour au dessin harmonieux, aujourd'hui comblé de débris!

Au xixe siècle il avait été hérité par des Hohenlohe qui le tenaient des Della Torre propriétaires dès 1587. Des Hohenlohe, il avait passé aux Thurn et Taxis, par la princesse de Thurn née Hohenlohe, qui le relèveront peut-être. Mais nous rendront-ils les archives et les œuvres qu'il contenait? Je vois dans une notice qu'il avait été remanié au xviiie siècle, que son escalier s'inspirait du style palladien, que des parties renaissance, comme la salle à manger, subsistaient encore considérables, que la salle impériale était de style rococo, ornée de pastels de Rosalba Carriera, qu'on y voyait un buste de Marie-Louise, une collection de porcelaines de tous pays, un Holbein représentant l'empereur Frédéric III, un Van Dyck, un Tintoret représentant Morosina Morosini, épouse du doge Grimani, entrant au palais ducal avec les filles du comte Raimondo IV della Torre.... Et le souvenir de Dante planait, qui vint à Duino avec Can Grande en visite chez Hugo II de Duino. Mais c'était dans le vieux château, chez les brigands dignes amis de Can Grande della Scala. Les bombes, mêlées par la bataille, de l'Autriche et de l'Italie, furent-elles aveugles en tombant sur Duino? Elles se sont acharnées, n'est-ce pas, préférant détruire ces trésors italiens, que de les laisser aux mains ennemies? L'Autrichien ivre de fureur a ruiné le vieux domaine volé, l'Italien vengeur a saccagé son propre bien plutôt que de risquer qu'il demeurât encore en des mains germaniques.

Comme toujours « le client a écoppé ». Et ce serait bien beau, si les ruines tout à l'entour, le village de Duino lui-même, et San Giovanni, et Monfalcone et jusqu'à Ronchi ne disaient pas suffisamment que les obus sont plus impartiaux encore que ne se plaît à le croire la poésie en voyage. Désormais, il y a deux Duinos égaux, et c'est là toute la philosophie à tirer. Quoi qu'il fît, Duino retombait toujours en mains germaniques. Un instant, des Della Torre l'avaient possédé après les sacripants du Moyen Age. Il n'avait pas tardé à passer aux Hohenlohe qui l'avaient gardé. Le dernier maître n'avait pas plus droit à terre latine que le premier. Les promontoires de Duino fraternisent aujourd'hui ; ils ne rivalisent plus qu'à celui qui montrera le mieux l'inconvenance de la présence germanique en ces lieux italiens. Ils attestent ensemble le destin.

*
* *

Au tournant de la route qui descend le long des rochers à pic du Carso, Trieste apparaît tout d'un coup déployée. Et l'on est frappé tout d'abord par l'absence à peu près totale d'une baie appelant un port. La baie est au sud, Muggia dédaignée. Trieste s'est placée, strictement, le long d'une plage ouverte, et ses bassins où, bon an mal an, vingt-cinq mille navires entrent et sortent, sont l'œuvre de l'homme plus que de la nature. Trieste est étendue, elle n'est pas profonde. Elle a conquis la mer, elle n'en a pas utilisé les caprices côtiers, si toutefois la petite pointe Sant' Andrea forme une manière de golfe fermant le sud. A s'être ainsi étirée, Trieste a gagné un aspect puissant. Ne saurait-on rien de sa vie, que la seule vision panoramique en dirait l'importance. On est ici en présence certainement d'un port considérable, bien achalandé, et la seconde impression est d'une acquisition précieuse faite par l'Italie. Les hautes maisons, par masses pesantes, lèvent de toutes parts leurs pinacles et leurs cheminées. Tout l'attirail portuel se dresse à l'infini, les trains roulent, les bateaux glissent, les bruits montent, les fumées déroulent leurs spirales, et les collines supérieures pressent le tout ensemble de leurs pierres blanches.

Ces collines, c'est le Carso dont cinq dernières dépressions ont formé les cinq collines de la ville, et qui, comme les sept de Rome, se sont quelque peu nivelées pour n'en laisser subsister, ici, qu'une ou deux, celle de San Giusto principalement, lieu sacré dont aucun Triestin ne peut parler sans attendrissement. Avant d'y monter je visite la ville, et le caractère de puissance s'accentue. Quais magnifiques bordés de maisons grandes comme des casernes, bâtiments de négoces riches et actifs, de style très moderne, chargé, comme on aime aujourd'hui, même en Italie. Les rues sont larges, aux boutiques rutilantes, sillonnées de tramways. La grande place ouvre l'un de ses côtés sur le port, les autres fermés par trois palais occupés par les services publics et les grandes banques. Ils ne sont pas outrageants, ces palais; ils sont beaux encore moins. Peut-on demander davantage à une ville transformée par les séides du colossal? Il ne faut pas

chercher à Trieste autre chose qu'un centre d'affaires, le
port de l'Autriche, le seul point de contact, et qui le restera, de l'Europe centrale avec la Méditerranée. Trieste
est une ville de travail, qui a besoin de place, et dont
l'ostentation est un élément, réclame et excitation. On s'y
agite, on circule beaucoup, on entre et sort par les hauts
portails derrière lesquels un monde fiévreux d'employés
dicte les ordres ou les transmet. Tout de même, on se dit
qu'une Gênes n'a pas pris ces airs enrichis. Marseille conserve aussi ses antiques aspects. Trieste est devenue très
moderne, exclusivement moderne. Le passé ne pouvait
pas intéresser ses maîtres germaniques. Il les inquiétait
plutôt. Ils l'ont donc sacrifié, ne pensant qu'à l'usage à
tirer de la place, qu'à lui donner l'aspect commercial. Il
semble, néanmoins, qu'ils ont été quelque peu retenus
dans leurs desseins. Trieste est bien ville d'affaires, mais
elle est loin de rivaliser d'excès avec ses sœurs de même
famille. Il y a quelque discrétion dans ces maçonneries.
C'est gros, c'est large, c'est long, ce n'est pas pesant ni
par trop surchargé. On est surpris, on n'est pas choqué.
On n'admire pas, mais on accepte. L'étalage de la prospérité reste décent en somme. Il ne provoque pas s'il
n'attire pas. Pour le reste, Trieste offre toutes les ressources d'une grande ville riche, laborieuse, pleine à
déborder d'un peuple affairé, aux cafés regorgeants, aux
hôtels bondés, aux négoces abondants et, s'il faut en croire
les prix, encore insuffisants....

Ainsi que tout Triestin, je me suis hâté de me réfugier
sur la colline de San Giusto, où chacun, aux heures difficiles de la domination étrangère, courait raffermir sa foi
latine contre les embûches de la prospérité. San Giusto
c'est une colline, c'est surtout une église qui, pour tout

Triestin, joue le rôle de drapeau. Par San Giusto qui
restait debout au milieu des ruines accumulées par les
négoces, le Triestin restait uni à la vieille patrie; grâce à
lui, il ne se sentait plus écrasé sous les moellons neufs.
San Giusto rassemblait toujours au-dessus de Trieste
qu'il domine les cœurs pleins d'espoir. Le jour de la délivrance tout Trieste y monta, et la colonne de la place fut
ensevelie, en quelques heures, sous les fleurs.

San Giusto est une église, ai-je dit; il est plutôt trois
églises. L'une a été construite sur les ruines d'un temple
païen, au IV° siècle, lorsque Trieste appartenait à Byzance.
Près de cette basilique s'élevait le tombeau de san Giusto
martyr au temps de Dioclétien. Au XIV° siècle, on réunit
basilique et tombeau par une nef centrale, et, pendant
qu'on y était, on adjoignit aussi le petit baptistère d'à
côté. Nous avons déjà vu à Bologne quelque chose de ce
genre, où San Stefano est fait de huit constructions accolées. Seulement à Bologne les huit églises sont distinctes;
tandis que, à Trieste, les trois n'en font plus qu'une. Les
archives ne diraient rien, nous serions simplement
étonnés, et nous conclurions à des reconstructions mala-
droites; nous ne pourrions affirmer la fusion. Mais quel
étrange aspect! Le toit à deux pentes inégales, la façade
à trois roses inégales aussi, et ce campanile qui est une
tour basse, carrée, trapue, qui semble plutôt emprunté
à la vieille forteresse voisine. L'intérieur est plus bizarre
encore. Cinq nefs, trois majeures et deux latérales beaucoup plus petites et d'amplitude différente. Certaines des
colonnes proviennent du temple antique. Leurs quatre
rangées ne correspondent d'ailleurs pas entre elles qui
n'ont pas la même hauteur ni le même diamètre. Les chapiteaux sont antiques, ou byzantins ou romans. L'abside de

gauche présente des mosaïques byzantines, tandis que la voûte de droite en porte qui datent seulement du xiie siècle. Tout cela, disparate et contrasté, fait de San Giusto une œuvre des plus curieuses, d'une originalité incontestable, si à bon compte, et parfois des plus prenantes.

Le regard n'enfile jamais un espace, il est toujours arrêté par quelque colonne ou angle imprévu et illégitime. S'il se lève, il se heurte à des arcs qui grimpent sur le dos du voisin. Il y a comme une bataille de styles, de fragments; c'est à qui attirera le plus l'attention et l'emportera. Néanmoins, peu à peu, on est séduit par ces empiétements mutuels, on s'intéresse à la lutte, et l'harmonie s'établit à force de désordre. Car ce n'est pas du tout le tohu-bohu, mais plutôt le simple mépris des proportions et des réponses. Ces cinq nefs dont pas une seule n'est égale à l'autre devraient choquer. Elles plaisent au contraire par leur fantaisie, et par la partie qu'elles font dans ce concert d'instruments non accordés au même *la*. Et puis il y a la lumière qui est délicate à l'extrême. Elle entre comme elle peut, par où elle peut, et se débrouille, ce qui n'est pas commode. La voyez-vous dans ce coin gauche? Ah! comme elle est franche, comme elle va s'étaler! Nenni, car la voûte la gifle aussitôt et si rudement qu'elle tombe sur le pavement. Mais elle rebondit et s'élance à nouveau. Une première colonne l'arrête et ne la laisse repartir qu'après en avoir absorbé une bonne part. Elle est vive encore, pourtant, mais une autre colonne l'émiette définitivement. Ses restes cherchent à s'envoler, à retourner vers le soleil paternel; les mosaïques les accrochent par leurs mille clous d'or où ils se résignent à mourir.

San Giusto n'est donc pas une église sur laquelle on puisse raisonner. J'ai dit, tout à l'heure, qu'elle était bien davantage, le drapeau. San Giusto ne s'explique pas, il se sent. On ne le comprend pas, mais on l'aime. Il est avant tout un symbole. Trieste contient encore quelques reliques anciennes, le musée lapidaire, des restes d'aqueducs, des statues, l'arc dit de Richard Cœur de Lion parce que celui-ci, dit-on, y fut prisonnier. Tout cela perd son éloquence devant San Giusto dont personne ne peut parler comme il convient, s'il n'est pas Triestin. Le Toulousain s'exclamant sur son Capitole, le Nîmois sur sa Maison Carrée, le Bruxellois sur son Manneken-piss et le Londonien sur sa Tour, nous étonnent lorsque nous confrontons culte et monuments. Tant de sentiments séculaires se sont cristallisés autour! Pour le Triestin la cristallisation est plus riche encore, parce que San Giusto rassembla des passions, des douleurs et des joies que les autres n'ont pas connues aussi vives, des douleurs surtout. Il a représenté la patrie, il personnifiait toute l'Italie. Qui donc, s'il n'est pas Triestin, pourrait communier? San Giusto, nous étrangers, nous fuit. Pour le retenir et en pénétrer quelque peu le secret, il faut connaître l'histoire de Trieste. Essayons d'en démêler quelques traits.

*
* *

Quelques traits? Si San Giusto se compose de trois églises, Trieste est tout d'une pièce. Elle ne montre qu'un seul trait. Trieste est farouchement particulariste, personnelle, municipale. Ce que nous connaissons de l'Italie, des villes indépendantes et jalouses de leur liberté, nous pouvons le décupler et nous aurons déjà une idée assez juste de Trieste. Nous savons aussi, par nos petites villes d'Italie, que ce sentiment particulier se transforma peu à peu en sentiment général, patriotique. Celui-ci est fait de celui-là qui l'a cultivé, alimenté au cours des siècles. A force d'aimer si jalousement sa ville, on apprend à aimer son pays. Et l'on peut dire que plus est fort le sentiment municipal plus le sera le sentiment patriotique. Trieste en apporte un frappant témoignage. Et que cette attitude particulariste fût une force, étant donnée la situation entre deux mondes qui écartelaient la ville en se la disputant, qui en contesterait l'évidence?

Les Romains fondent, en 129 avant J.-C., une colonie à Trieste, en Istrie plutôt, où des Ligures, des Thraces, des Venètes, des Illyriens et des Celtes exercent le commerce. Trieste prospère rapidement, et, sous la souple et peu tracassière domination de Rome, elle étend son territoire, du Timavo au Vippaco des Alpes juliennes. Viennent les Goths; Trieste ne déchoit pas, car Théodoric n'a garde de lui retirer ses libertés romaines. Les Goths partis, Trieste devient byzantine, et, sous Byzance tracassière, Trieste décline aussitôt : elle a besoin pour vivre de son indépendance; déjà elle en sent la nécessité. Les Lombards apparaissent et achèvent la décadence. Mais Charlemagne chasse les Lombards, et le régime féodal rend aussitôt la bride à Trieste qui en profite. Elle peut passer, avec le Frioul, sous l'autorité des comtes, des marquis, des ducs, puis des patriarches d'Aquileia, puis à des seigneurs allemands, puis encore à Aquileia, Trieste développe sa vie propre, et, lorsque le mouvement pour la liberté des communes éclate en Italie, elle y entre la première. Nous en connaissons les vicissitudes qui abou-

lissent au podestat. Trieste était trop jalouse de son indépendance pour ne pas opposer à ses évêques ou comtes,
même prudents, le podestat. Elle n'y manque pas; forte
de son podestat, elle développe de plus en plus ses institutions et, sous leur tutelle, son commerce que viennent
augmenter encore les Gibelins exilés de Florence. Trieste
grandissait tant que Venise s'inquiéta.

Y avait-il place en Adriatique pour deux villes de cette
importance? Venise ne le crut pas. La lutte se précise
en 1202 lorsque Dandolo, partant pour l'Orient, impose à
Trieste le premier tribut. Mais Trieste ne tarde pas à
secouer le joug; lorsque Venise entre en conflit avec le
patriarcat frioulan, Trieste se met du côté de celui-ci. La
guerre reprend entre les deux villes en 1368. Trieste aide
Gênes dans la guerre de Chioggia; elle bat Venise
dans la rade de Pola, chasse les Vénitiens de ses rivages
et se donne au patriarche. Elle est bientôt vaincue de
nouveau, se révolte encore, et finalement Venise la donne
au patriarche par la paix de Turin en 1382. Le patriarche,
nous l'avons vu, a perdu de sa force et de son autorité.
Son pouvoir décline chaque jour. Trieste ne se sent pas
en sûreté. Elle finit par demander sa protection à
Léopold III duc d'Autriche, puissant seigneur de nombreux territoires entre le Danube et les Alpes juliennes.
Mais, et cela est caractéristique, Léopold est contraint
de jurer qu'il respectera la forme du gouvernement
triestin et tous les droits de la cité. Le capitaine ducal
remplace le podestat, mais il prête serment de fidélité à la
commune qui n'est pas incorporée aux autres provinces
autrichiennes, et doit être considérée simplement comme
un état tributaire de l'Autriche. La jalousie de Venise
oblige Trieste à demander une protection qu'elle paie,

oui, mais non pas de toute sa liberté. Elle sait que la nature même de sa prospérité défend toute sujétion.

En effet, la guerre ayant recommencé avec Venise, et comme le duc d'Autriche veut en profiter pour étendre son pouvoir, il se forme aussitôt un parti vénitien dans la ville. Plutôt Venise que l'Autriche, Venise l'éternelle rivale pourtant! La fin de la guerre de la Ligue de Cambrai consacra le triomphe de Trieste. Venise, de ce jour, décline, et, tandis que montent à l'horizon les États du centre européen, Trieste grandit avec eux. Elle n'oublie pas pour cela ses droits; son idée reste fixe. Charles VI empereur d'Autriche la connaît, et il fait de Trieste un port franc que Marie-Thérèse rend plus libre encore en étendant au territoire les immunités douanières, et en accordant des privilèges à la cité. Joseph II supprime bien l'autonomie de Trieste, mais il a soin de ne pas toucher aux franchises commerciales, et son fils Léopold II se hâte de rétablir l'autonomie. Puis se produisent les vicissitudes napoléoniennes aboutissant à la reprise par l'Autriche qui se refuse à rétablir l'autonomie et à rendre les franchises. Et ce fut l'esclavage jusqu'au réveil que sonna la guerre de 1915.

De ce rapide résumé que peut-on conclure? Ce que je posais en commençant, le caractère étroitement municipal de Trieste, et à sa suite l'éveil, grâce à lui, du sentiment patriotique que vient hâter et fortifier la sottise de l'Autriche. L'oppression autrichienne sur une ville qui depuis mille ans ne pensait qu'à une chose : sauvegarder son indépendance, réveilla Trieste qui se serait peut-être endormie sur ses richesses. Trieste voulant être libre regarda alors du côté où ses sentiments naturels l'appelaient. Fille de Rome, entièrement peuplée d'Italiens, du moment qu'elle souffrait, elle demandait secours à la vieille mère patrie. Venise? Qui donc avait commencé? Et ce n'était qu'une ville, déchue maintenant. Trieste sous la botte autrichienne voyait l'unité se faire sur la terre maternelle, et les villes qui avaient lutté comme elle pour l'indépendance se jeter dans les bras de Rome. Elle y courut aussi, et la lutte commença implacable et sévère. On peut dire que l'aberration de l'Autriche a créé en quelque sorte l'irrédentisme de Trieste, l'a tout au moins exaspéré; Trieste ville libre, s'administrant elle-même pour son propre profit, n'aurait peut-être pas pensé à l'union politique. Elle se fût contentée d'aimer ses grandes sœurs d'Italie, de les traiter en parentes chéries, de vivre avec elles intellectuellement et moralement, trop jalouse et depuis trop longtemps de sa liberté pour aspirer à davantage. Une fois né le sentiment national, Trieste le développa avec la violence et l'âpreté qu'elle avait déployées depuis tant de siècles, dans ses luttes municipales. Trieste devint la ville peut-être la plus italienne de toute l'Italie. Et Vienne continuait à faire consciencieusement tout ce qu'elle pouvait pour l'aider dans cette évolution.

Les péripéties de la lutte entre Trieste et Vienne, nous les avons suivies au cours des années. Nous avons entendu l'incessant appel à la justice et son déni. Tout à l'heure, me promenant, j'arrive sur une place dont la plaque porte : Piazza Oberdan. Voilà un nom sonnant nouveau ici! Et rien ne peut mieux faire sentir la grande victoire irrédentiste. Guglielmo Oberdan, en 1882, résolut de tuer l'empereur François-Joseph qui devait venir à Trieste pour y commettre une insolence et une provocation. 1882, c'est-à-dire que cinq cents années s'étaient écoulées

depuis le jour où Trieste, pour échapper aux rigueurs de
Venise, s'était donnée au duc d'Autriche. A propos de ce
cinq-centenaire l'Autriche avait organisé à Trieste une
exposition et des cérémonies. La maladresse égalait l'ini-
quité. Venise n'était plus; l'empire présentait-il quelque
analogie avec le duché d'Autriche? Il semble que le gouvernement autrichien multipliait les défis pour tâter le
pouls de l'opinion triestine; on ne provoque pas ainsi,
gratuitement, pour le plaisir. Et donc Oberdan, après que
Trieste eut protesté, pendant des mois, par tous les moyens,
jusqu'aux bombes, contre l'exposition, Oberdan résolut de
tuer François-Joseph. Il fut arrêté à la frontière et pendu,
malgré une éloquente intervention de Victor Hugo. « Il a
jeté, dit Carducci, sa vie aux Italiens en disant : Voici le
gage! L'Istrie fait partie de l'Italie. » Aujourd'hui une
place de Trieste porte pieusement son nom.

On compte, au cours du xix⁰ siècle, exactement cent vingt
manifestations d'italianité à Trieste, protestations publi-
ques ou révoltes, en dehors des incidents quotidiens
et personnels. Les plus récents et caractéristiques me
reviennent à l'esprit. En 1908 Florence offrit à Ravenne
une lampe destinée au tombeau de Dante. Trieste, se souvenant de Duino et du vers sur le Quarnero : « Che Italia
chiude e i suoi termini bagna, » Trieste annonce aussitôt
qu'elle fournira l'ampoule destinée à contenir l'huile de
la lampe florentine. Un véritable délire s'empare de la
ville. On fut obligé d'accepter les dons en nature. Et depuis
les plats d'argent jusqu'au pauvre bijou de l'ouvrière de
s'entasser au municipe. Mille Triestins partirent pour
Ravenne escorter l'ampoule qui portait ciselée l'image
des provinces irrédentistes pliant sous les chaînes. Et sur
la tombe de Dante le rouge étendard de Trieste mêla ses

plis à ceux de Rome et de Florence. En 1913, nouvelle injure. L'Autriche prétend célébrer le centenaire de la bataille de Leipzig. Immédiatement un cortège se forme qui se porte sous les fenêtres du Consulat de France pour protester. Et le jour où toute l'Autriche illumine, Trieste reste dans l'obscurité. Pas une seule rue de la ville ne portait un nom autrichien. La municipalité n'avait formé aucune musique pour n'avoir pas à l'envoyer dans les cérémonies officielles. Et voici des plaisanteries aimables dont il ne faut pas négliger la gravité parce qu'elle s'exprime avec esprit : Un matin, Trieste vit courir dans ses rues tous les caniches de la ville étrangement peints aux couleurs impériales, le jaune et le noir, c'est-à-dire qu'on avait peint en jaune l'une des deux boules d'une indécence si apparente que le caniche présente inconsidérément à l'aveugle en marchant devant lui. — Un club nautique venait d'acheter un nouveau bateau. Il l'appela l'*Irrédentiste*. Immédiatement, le club est dissous par la police. Non moins prompt à la riposte, le club se reforme sous un autre nom et l'*Irrédentiste* s'appelle : le *Comme avant*. — On venait de jouer à Venise *La Nave* de Gabriele d'Annunzio, et le mot du poète sur l'Adriatique « la mer très amère » avait couru par toute l'Italie en la faisant frissonner tout entière. Quelques jours plus tard, a lieu à Trieste une fête en l'honneur d'un grand paquebot lancé. L'amiral commandant la flotte assiste à la cérémonie en grand uniforme. Il monte dans une barque pour se rendre à la fête; la barque chavire, l'amiral « boit un coup » et en est quitte pour rentrer chez lui. Le lendemain, sur les murs de Trieste on lisait l'affiche suivante : « Télégramme de l'amiral X... à Gabriele d'Annunzio : Je vous confirme que l'Adriatique est très amère. »

Ainsi Trieste entretenait la flamme de tous bois. En 1916, canons autrichiens postés sur les hauteurs d'Opcina et braqués sur la ville, le drapeau triestin ne fut pas moins déployé sur l'une des cinq collines, celle de Montuzza au centre de la cité. Le matin du 31 octobre 1918, en quelques instants le palais du gouverneur fut vidé de ses habitants chassés ; les batteries d'Opcina durent filer à toutes roues. En moins d'une heure Trieste était nettoyée, et la réunion à l'Italie proclamée. Cela se fit simplement, tout seul comme on dit, c'est-à-dire dans un tel consentement populaire qu'il n'y eut même pas besoin d'une direction. Depuis que je suis ici, j'interroge et j'écoute. Et, en cette fin de mon voyage en pays « redenti », je recueille les mêmes sentiments qu'à son début. Pour Trieste comme pour Trente, la guerre est bien gagnée qui les ont faites italiennes politiquement comme elles l'étaient de cœur et de sang. La joie illumine tous les yeux et je n'y vois passer aucune ombre, pas plus que je ne constate sur les lèvres le pli amer qui traîne sur les lèvres romaines ou florentines. Trieste voisine de Fiume veille diligemment sur la dernière exilée de la patrie commune. C'est elle qui, par ses comités, pourvoit assidûment aux différentes nécessités de la vie fiumaine. J'ai pu constater, y ayant assisté, les soins pris par Trieste pour maintenir le contact permanent entre Fiume et l'Italie. Nul plus que Trieste ne ressent l'injustice commise envers les frères du Quarnero. Mais nul plus que Trieste ne sait apprécier à son équitable valeur le problème douloureux. Elle n'entend pas lui sacrifier le résultat principal, le retour à la patrie des provinces arrachées et la frontière enfin portée où elle doit être. Trieste sait le grand sacrifice qu'elle fait de toute son histoire.

Qu'on regarde donc d'où elle est partie pour où arriver !
Les cœurs remplis d'amertume n'ont qu'à se tourner vers
elle pour savoir comment on accepte, et le parti qu'on
peut noblement tirer d'un renoncement. Indépendante,
elle fut victime de son isolement, victime d'abord de la
république vénitienne qui l'obligea, pour sa défense, à
chercher l'appui de l'étranger, victime ensuite de celui-ci
qui la traita comme Venise le fit. Et si cet étranger lui
donna la richesse, Trieste connaît assez les raisons du
cadeau égoïste pour ne se faire aucun reproche d'ingratitude. Ce que Trieste voulait avant tout, c'était son indépendance communale. On la lui refusa, et ce refus lui
prouva l'erreur qu'avait été le souci trop jaloux de cette
indépendance. Trieste, grand marché au point de jonction
des quatre routes cardinales, avait toujours espéré une
vie particulière. L'expérience lui a appris que, dans une
Europe divisée en nations, elle devait choisir une communauté où entrer. Cette conviction bien assise, elle n'a
pas hésité un instant. Elle est devenue italienne de toutes
ses aspirations comme elle l'était d'âme, de cœur, d'esprit,
de race enfin. Depuis le jour où elle a compris cela, elle
a apporté à le réaliser la ténacité et l'ardeur qu'elle
déployait en faveur de son indépendance personnelle,
depuis le temps des Lombards et de la guerre de Chioggia.
Il n'y a pas, dans l'histoire, beaucoup d'exemples d'une
pareille clairvoyance ni d'un sentiment aussi constant.

Voilà ce que San Giusto signifie pour les Triestins. Il
représente pour eux la petite patrie joyeusement et libre-
ment mise au service de la grande. Trieste avait besoin
d'un protecteur qu'elle cherchait de tous côtés. Le meilleur n'était-il pas l'Italie maternelle ? Elle a voulu l'avoir ;
elle l'a obtenu. Elle a voulu se fondre dans la grande

famille latine; elle y est parvenue par l'une des plus
belles immolations de soi-même que l'on puisse enregis-
trer. Je vois dans l'acte de Trieste un grand exemple
d'abnégation qui doit profiter aux impatients et insa-
tiables. Son sacrifice à la raison, à l'expérience, aux
enseignements que la vie apporte en se développant, son
sacrifice réjouira au plus profond de leur philosophie ceux
qui ne veulent pas encore renoncer à croire au progrès
des peuples par les leçons de l'histoire.

*
**

Trieste n'offre pas que ce seul intérêt pour nous Fran-
çais. Nous n'y pouvons faire un pas sans rencontrer des
ombres qui nous abordent en notre langue maternelle.
Tombés dans la disgrâce ou l'adversité, des Français
illustres vinrent demander à Trieste asile et tranquillité.
Déjà j'ai rencontré à Gorizia de pitoyables exilés; à Villa
Vicentina j'ai vu, en passant, la maison où mourut Élisa
Napoléon. Trieste fut l'asile d'autres Napoléonides encore,
Jérôme et Caroline. Mesdames Adélaïde et Victoire, tantes
de Louis XVI, y moururent en 1800 et 1801. Necker y passa
quelque temps. Fouché y mourut aussi. Stendhal enfin y
passa cinq mois avant Civita-Vecchia. A part celui-ci qui
n'y vint que malgré lui, et en partit aussi sans que sa
volonté y eût part, nous le verrons tout à l'heure, tous
ceux-là avaient choisi Trieste pour refuge dans l'adversité.
Qu'avait-elle donc de si attirant? Son climat pourrait être
le plus doux, mais la sévère bora le rend rigoureux au
contraire, la bora vent du nord-est, tombant glacial des
Alpes prochaines, et soufflant en tempête un jour sur

trois. Au printemps, il s'apaise et semble aux Triestins une brise. J'ai, tantôt, éprouvé cette brise qui m'a gelé jusqu'aux os. Charles X avait certainement mieux choisi Gorizia. Pourquoi donc ces préférences pour Trieste? Il me semble que l'histoire de Trieste les justifie. Dans une Trieste libre sous la souveraineté autrichienne, les proscrits se sentaient doublement protégés. Ce régime mixte se trouvait le plus convenable à des fugitifs.

N'était-il pas lui-même un proscrit, en réalité, notre Stendhal envoyé à Trieste en qualité de consul? Son ami Molé, ministre après les journées de juillet, vient de lui confier ces fonctions. Stendhal demandait Naples au sirocco étouffant. On lui donne Trieste à la bora glaciale. Il part désespéré et arrive à Trieste au milieu de novembre, tandis que *Le Rouge* est mis en vente à Paris. Il ne serait pas lui-même si, dès sa première lettre, il n'entretenait pas ses amis de ses exploits dans les salons. Il en a trouvé un à Trieste, et il s'y répand, le salon de lady Morgan. Sauf cet agrément, Stendhal trouve Trieste inhabitable à cause de la bora, et à cause des habitants qui, écrit-il à Mme Ancelot, ne connaissent que l'argent. « Je touche ici à la barbarie, » conclue-t-il. Il a peur du choléra et demande à Mareste de lui envoyer un préservatif, et, lorsqu'il revient d'une visite à Fiume, il écrit : « C'est le dernier endroit de la civilisation. » Si nous ne connaissions le dédain de Stendhal pour toute ville où il n'y a pas de salons, du moins de salons où on le reçoit, il nous resterait encore pour ressource de nous dire que le progrès s'est développé à Fiume en moins d'un siècle. Metternich, en tout cas, va libérer Stendhal de ce séjour chez les barbares en lui refusant l'exéquatur. On connaît le motif de cette rigueur. En 1820 Stendhal avait été expulsé de Milan par la police autrichienne. Metternich n'entendait pas qu'on lui imposât, consul, un personnage dont il n'avait pas voulu homme privé. Les raisons pour lesquelles Stendhal avait été expulsé de Milan sont restées inconnues. On est réduit aux suppositions. Stendhal lui-même, si prolixe pourtant en confidences sur ses propres affaires, Stendhal s'est toujours dérobé sur ce point, avec gêne même, dirait-on. Savait-il quelque chose de ce qui, selon l'hypothèse que j'ai émise dans *L'art de voyager en Italie*, avait causé sa disgrâce, c'est-à-dire l'indignité de ses meilleurs amis, leur crime même? En toute conjecture, l'Autriche ne pouvait accepter de rendre hommage en 1830 à celui qu'elle avait mis à la porte en 1820. Il quitta Trieste dans les premiers jours d'avril 1831, se rendant au poste qu'il occupera jusqu'à sa mort, Civita-Vecchia.

Fouché choisit Trieste faute de mieux; mais il était sage, son parti fut vite pris, et il sut couler à Trieste de douces dernières années. Tombé du pouvoir sous les coups du duc Decazes empressé aux aversions de la duchesse d'Angoulême, il est cependant nommé ambassadeur à Dresde. Mais Decazes le poursuit de sa courtisanesque inimitié, il l'exclut de l'amnistie et le fait révoquer. Metternich aussitôt de lui offrir asile. Il va d'abord à Prague, exemple que Charles X un jour suivra. De là, il passe à Linz où il ne se trouve pas mieux, et se souvenant qu'il avait été autrefois gouverneur d'Illyrie et qu'il avait été reçu à Trieste presque en souverain, il se décide à y revenir, non sans avoir désiré Munich et Bruxelles qui repoussent un « régicide ». Il retrouvait à Trieste de vieux clients, les Napoléonides, avec qui il entretient aussitôt des relations excellentes à base de désœuvrement. Entouré de sa femme et de ses enfants,

Fouché, ou plutôt le duc d'Otrante, mène au palais Vico, aujourd'hui l'archevêché, une vie bourgeoise non dénuée de faste. Il reçoit, va dans le monde et constitue pour les Napoléonides une inestimable ressource. Ils en usent et abusent, et lorsque Fouché meurt le 26 décembre 1820 la consternation est grande dans la colonie des souverains déchus et bâillants. Le jour de l'enterrement, la bora souffla si violemment qu'elle renversa le char funèbre. La dépouille de Fouché roula dans le ruisseau. Traîné dans la boue de son vivant, mort il y retombait encore une fois! San Giusto reçut néanmoins la dépouille, toute crottée qu'elle fût, et la garda jusqu'en 1875, époque à laquelle le petit-fils la ramena en France. L'oraison funèbre fut prononcée par Catherine, l'ex-reine de Westphalie qui écrit à Joseph : « Il nous a laissé des regrets comme homme privé, il était impossible d'apporter plus d'amabilité et un commerce plus sûr dans les relations de société. Nous sommes retombés dans la solitude la plus complète. » Fouché finissant en salonard modèle! Il joua tous les rôles, et si le bonheur réside dans la diversité, nul homme ne fut plus heureux. N'était-ce pas déjà un prodige de félicité de mourir dans son lit d'une vulgaire pleurésie, après avoir risqué l'échafaud, la fusillade et l'assassinat, de finir homme du monde quand on est parti cuistre de collège, d'être regretté de ceux-là qu'on abandonna à l'heure du péril, d'emporter enfin dans la tombe l'estime de ceux que l'on contribua à dépouiller de leur couronne? Les Napoléonides n'osaient pas, tant ils s'ennuyaient à Trieste, se montrer, il est vrai, difficiles.

Dès 1814, Jérôme et sa femme Catherine, princesse de Wurtemberg, étaient venus demander asile à la ville de Trieste, où l'on était libre sous la protection impériale.

Ils se proposaient de se fixer aux environs, lorsque le débarquement de Napoléon à Cannes coupe court à tout projet. Jérôme aussitôt passe en Italie, et court à Naples où il retrouve Madame et Fesch. Il arrive en France assez à temps pour prendre part à la bataille de Waterloo qui lui vaut le témoignage, orgueil de sa vie, de son frère : « Je regrette de vous avoir méconnu. » La débâcle l'entraîne en Sologne, puis à Niort ; mais, n'y tenant plus, il revient à Paris où il se met sous la protection du ministre du roi son beau-père, qui s'en débarrasse en l'envoyant à Stuttgart.

Jérôme comptait retrouver sa femme. Mais Catherine, chassée de Trieste par Metternich, répugnait à rentrer en Wurtemberg. Elle préférait aller à Naples, ne demandant d'ailleurs que « la mort où mon époux ». Le roi son père répugnait au dilemme. Il cède néanmoins, et les deux époux se retrouvent au château de Gœppingen qui est affecté à leur résidence. Mais Gœppingen ne paraît pas, bientôt, assez sûr. On les envoie à Ellwangen qui est plus isolé, et donc plus facile à surveiller. Le Jérôme de Waterloo est suspect à la coalition. Aussi le traite-t-on rudement. Aucune vexation ne lui est épargnée. Catherine proteste, crie, pleure et obtient enfin la permission de quitter le Wurtemberg. Ils partent pour l'Autriche où ils cherchent un gîte. En attendant, ils acceptent l'hospitalité de la reine de Naples, Caroline, et de la princesse Borghese, Pauline, qui habitent Hainburg et Gratz. Mais la vie de famille ne leur réussit point. Les querelles éclatent entre tous ces Napoléonides mis à pied. En 1817, le ménage Jérôme cherche toujours un gîte. Il croit l'avoir trouvé à Erlau, près de Vienne. Metternich défend Erlau. On ira donc à Schönau, près de Froshdorf, que

Caroline vient d'acheter. Oh! ce n'est pas pour le voisinage, car « on ne se voit pas », à cause des fils de Caroline qui, déjà à Gratz, suscitaient des disputes, l'aîné, Achille, criant toute la journée qu'il n'était pas Français mais Italien, le second, Lucien, qu'il aimerait mieux être le dernier citoyen de France plutôt que roi de Naples — sentiment plus louable encore si personne eût jamais songé à offrir un trône à ce cadet d'usurpateur. Les Jérôme, cependant, ne sont pas riches, quatre-vingt mille francs de rente, et ils vivent comme s'ils en avaient huit cent mille. La ruine est proche. Catherine demande assistance à tous les échos, à Madame, à Élisa qui est riche, elle, à l'empereur de Russie. Les réponses arrivent dilatoires et vagues. Il faut changer de train, encore une fois, et, en 1819, Jérôme achète pour cent cinq mille florins, empruntés d'ailleurs, la maison du comte Cassis à Trieste, la plus belle maison de la ville que cet ancien trésorier du pacha d'Égypte avait meublée à l'orientale au milieu de jardins magnifiques. Catherine informe Joseph en ces termes : « Jérôme a fait l'acquisition d'une superbe maison. Elle a la vue sur tout le golfe, et est entourée de berceaux de vigne, comme dans les belles plaines qui entourent Naples. »

Il faut lire dans le célèbre et si passionnant ouvrage de M. Frédéric Masson : *Napoléon et sa famille*, les détails lamentables de l'existence de ces errants. Chassés de partout, les Napoléonides, celui-ci surtout, Jérôme, qui a prouvé sa fidélité dans le malheur et sa résolution devant le danger, ne savent où reposer leur tête ni comment faire face aux nécessités quotidiennes. Les embarras d'argent les submergent; Catherine est fastueuse et dispendieuse et son mari ne sait pas lui résister. Il entreprend mille affaires pour faire face aux dépenses. Aucune ne réussit, on le devine. Les usuriers entrent bientôt au palais Cassis. Jérôme pense un beau matin à réclamer à Louis XVIII la rente des biens dotaux de Catherine, et qui sont en France, biens qui, malheureusement pour Catherine, appartiennent à la couronne. Le roi de France refuse de donner quoi que ce soit. Que faire? Catherine implore alors une entrevue de l'empereur de Russie qui, en 1821, reçoit Jérôme à Laybach. Un arrangement est conclu. Russie et Autriche paieront les dettes et feront une pension de vingt-cinq mille roubles papier. A cela s'ajoute une rente viagère de cinquante mille florins que le frère de Catherine, monté sur le trône de Wurtemberg, assure à sa sœur.

Ce n'est pas suffisant pour satisfaire les goûts de Catherine, mais c'est assez pour vivre honnêtement. La vie est réglée selon ces ressources, et elle s'écoule doucement à Trieste où les agréments de société partagés par Élisa, Fouché et quelquefois Caroline distraient toute la bande. M. Frédéric Masson reproche à Jérôme d'avoir, en ces années, subordonné à peu près tout à la question d'argent. Il eût certes mieux valu que Jérôme n'eût pas mendié auprès des empereurs et du roi de France. Mais quelle activité pouvait l'occuper? Je vois dans la déchéance de Jérôme un sujet de compassion plus que de blâme. Sa femme aimait le luxe. Lorsqu'il l'épousa, il lui avait promis un trône, et il lui donnait, en tout et pour tout, Trieste à la place. Aussi, lorsqu'il la voyait se consoler par quelque passion de jardins ou d'équipages, était-il trop heureux qu'elle se satisfît à si bon compte. Il lui procura aussi la consolation de la maternité. En 1820 une fille naquit, qui sera la princesse Mathilde. En 1822, c'est un fils, Jérôme, universellement connu sous le sobriquet de Plon-Plon. Mais Élisa est morte, Fouché est mort, on a souffert à Trieste mille tourments; la bora a trop soufflé sur les têtes et sur les âmes. Et, à la fin de 1822, Jérôme plie bagage et va habiter Rome où il restera jusqu'à l'avènement de son neveu au trône impérial français. La maison de Trieste a disparu, depuis, dans les bouleversements amenés par le développement du port.

Élisa, elle aussi, habita Trieste quelque temps. Elle préféra cependant s'installer aux environs, et elle acheta Villa Vicentina que j'ai vue grande maison des champs, sur la route d'Aquileia. Élisa est riche. Metternich, s'il a été l'amant de Caroline, nourrit un faible pour Élisa. Au moment du retour de l'île d'Elbe elle réside à Bologne avec son mari Baciocchi, dépossédée de Lucques. On l'expédie aussitôt en Autriche, et, en 1816, elle est autorisée à se rendre à Trieste. Metternich lui a restitué sa fortune privée, et il a réglé à son avantage ses différends avec les Lucquois. Elle est riche et s'entend aux affaires. Sa maison de Villa Vicentina est montée sur un grand pied. Les réceptions s'y succèdent. La famille, Fouché, Maret, le duc de Padoue y séjournent souvent. Élisa entreprend des fouilles, dessine ses jardins, et se pique de philosophie pratique. « L'essentiel, écrit-elle, est de ne pas se faire de mauvais sang et de se bien porter pour faire enrager ceux qui ne vous aiment pas. » De tels propos devaient bien indigner Jérôme, si, comme il est probable, elle les lui tenait. C'est aisé à toi, devait-il répondre à sa sœur, qui est riche et dont le mari docile n'a pas les goûts de ma Catherine! Et si on trouve cette morale un peu trop basse, il faudrait se demander jusqu'à

quel point le sort pitoyable des autres membres de la
famille n'invitait pas Élisa à la professer jalousement.
Elle s'y tenait énergiquement, non sans répandre, d'ailleurs, ses bienfaits. Mais à bon escient. S'il ne paraît pas
qu'elle ait jeté jamais beaucoup de florins au gouffre de
Catherine, elle avait soin de veiller au bien-être de ses
paysans. « Notre bonne princesse, écrit un visiteur, qui
se plaît beaucoup au milieu de ses paysans, a choisi
cette époque pour doter un couple pauvre mais honnête.
Les dames de sa maison ont fait le trousseau de la mariée.
On a de plus acheté écuelles, lit et bahut et le tout se termine par une galimafrée et par des danses frioulanes les
plus comiques du monde. » Cette douce vie, qui paraît
tout de même un peu révoltante lorsqu'on songe à Sainte-
Hélène, cette vie champêtre et sagement ordonnée pour
éviter « le mauvais sang et faire enrager le voisin » ne
dure, d'ailleurs, pas longtemps. Élisa prend les fièvres et
meurt le 7 août 1820, âgée de quarante-trois ans. Baciocchi, Jérôme et Fouché l'assistaient. Elle laissa quatre
cent mille livres de rente, sans compter les bijoux et les
œuvres d'art. De celles-ci, certaines n'ont pas quitté Villa
Vicentina d'où le service de protection a pu les emporter
à temps en 1917, quelques meubles et des portraits napoléoniens principalement.

Baciocchi quitta bientôt Villa Vicentina qu'il vendit à
sa belle-sœur Caroline, l'ex-reine de Naples. Caroline
n'est pas venue à Trieste de son plein gré. Après sa capi-
tulation entre les mains des Anglais, elle a été remise à
Neipperg, celui de Marie-Louise, qui l'a conduite à Trieste
où elle devra attendre les ordres de Metternich. Elle n'y
passe que deux mois et se rend à Gratz, puis à Heinburg
en Basse-Autriche. Nous l'y avons vue recevant son frère

Jérôme. On lui permet, d'ailleurs, les déplacements et Villa Vicentina la voit souvent. Elle se fixe finalement à Frohsdorff acheté plus tard par la duchesse d'Angoulême qui y mourra.

De tous ces exilés il ne reste plus rien à Trieste que le souvenir, ce qu'il plaît aux voyageurs d'en réveiller. Il n'est pas, au monde, de ville qui puisse se flatter d'avoir attiré autant d'infortunés. J'ai dit pourquoi, du moins la raison que j'imagine. Trieste ville indépendante, au confluent de plusieurs mondes, et sous une puissante protection, était favorable aux épaves des révolutions. Elle succédait en quelque façon, dans ce rôle, à Venise. Il ne lui a manqué qu'un Voltaire y conduisant un autre Candide pour l'immortaliser dans cette fonction d'hôtesse des rois proscrits et mendiants.

*
* *

Inséparable aussi de Trieste est la mémoire du malheureux Maximilien qu'un autre Napoléonide vint y chercher pour l'envoyer au Mexique d'où il ne revint pas. Depuis ce temps Miramar est vide, le charmant Miramar bâti à quelques kilomètres de Trieste, sur un petit promontoire à pic dans la mer, félicité d'un couple d'amoureux, et que la fusillade de Queretaro et une démence de quarante années ne parviennent pas à assombrir. Miramar est plus une grande villa qu'un château, claire, lumineuse, lanterne ouverte sur tout l'horizon de la mer et des monts. Elle est vide aujourd'hui, n'ayant conservé que le décor mural de ses boiseries et de ses tentures. Le couple amoureux n'avait pas très bon goût, et les salons chargés d'or, la salle impériale surtout, ne peuvent retenir longtemps.

Mais le lieu est enchanteur par sa posture en proue de
navire; il l'est surtout par ses jardins merveilleux. Je me
suis promené longtemps entre les parterres, sous les berceaux et parmi les bois grimpant la colline. Il n'est pas
un visiteur venant ici qui ne s'étonne : « Avoir renoncé à
cela pour le Mexique ! » Le visiteur a raison, oui, mais à
cause de la fin. Maximilien emmenait sa femme, et donc
le bonheur avec lui. Les jardins de Miramar, il pouvait
les dessiner à Mexico, plus magnifiques encore. Et une
vie oisive à peu près d'amiral d'une maigre flotte, une
existence un peu suspecte aussi comme celle de tout
prince qui approche du trône, lui pesaient sans doute. Il
avait soif d'action, de fonder à son tour. On dit qu'il
hésita. Parce qu'il aimait. Et c'est aussi parce qu'il aimait,
parce qu'il voulait donner à sa femme les joies du trône
— il est bien permis à un archiduc de croire que ces joies
sont enviées par une fille de roi — qu'il partit. Sa fin
répand sur Miramar une mélancolie révoltée, et qui est
très douce. On poursuit sous les ombrages de Miramar
toute une aventure d'amour qui finit, comme toutes les
belles histoires d'amour, tragiquement, par la mort et la
folie. Miramar est hanté de ces jeunes fantômes d'amoureux auprès desquels nous nous plaisons à nous imaginer
plus sages. « Si le sort m'eût départi ce voluptueux
séjour », dites-vous. Ah ! j'aurais bien voulu vous y voir !

*
* *

Avant de quitter Trieste, j'ai poussé jusqu'à San Canziano. Ce n'est pas une ville comme on pourrait le croire,
mais des grottes. Ce ne sont même pas des grottes, mais
des abîmes où vient se perdre en hurlant le Timavo qui

disparaît dans les profondeurs du Carso pour ne plus
reparaître qu'à Duino, après avoir passé sous Trieste sans
doute : on n'a jamais pu explorer le cours. Le phénomène
est étrange et rare, je crois. Renonçant à lutter contre
les cailloux carsiques, le Timavo plonge sous leur amas,
et ses fureurs ont creusé ce qu'on appelle les grottes de
San Canziano où l'on descend grâce à d'habiles ménage-
ments d'escaliers, de ponts, de rampes et de balcons. On
y arrive en dévalant le long d'une immense doline, exca-
vation semblable à une carrière où l'on aurait puisé pour
une ville entière. La voix formidable du Timavo se fait
entendre de loin, tandis que l'on descend le long du
rocher par un sentier, un pont, une galerie, toute la
machinerie d'usage. Tout à coup, à un tournant, la rivière
apparaît en cascades éperdues de rage, nous jetant son
écume au visage, nappe précipitée dans les noires profondeurs. Cette nappe jaillit des roches mêmes, et n'apparaît
que pour disparaître encore une fois. Plus loin, les bougies
allumées, on suit le cours du fleuve, le surplombant tout
le long de couloirs rocheux dont la voûte se perd haut
dans la nuit. Seul le mugissement de géant irrité s'entend
au milieu des ténèbres. On va dans l'obscurité, montant,
descendant, glissant, et toujours la forte voix de gronder,
de maudire, dirait-on, notre curiosité. De temps en temps,
une grande salle voûtée s'offre aux yeux écarquillés ; le
pas butant sur les stalagmites, tandis que les épées des
stalactites appellent les tables d'un banquet. On passe
vite et on retrouve encore le lit profond et invisible
du Timavo de plus en plus irrité et fuyant. On le devine
qui s'enfonce, s'enfonce plus profond, toujours plus profond, pour échapper aux hommes indiscrets. Lorsqu'il
reparaîtra il ne sera plus qu'un brave petit fleuve tran-

quille qui se hâte vers la mer, sans cris et sans regrets.

Comme tous les grands phénomènes naturels, les grottes de San Canziano laissent une impression profonde qui ne peut s'analyser. Il y a là une violence irrésistible qui supprime tout sentiment pour ne laisser discerner que la sensation. On est comme bafoué par ces forces de la nature, humilié et abêti. Et le mystère de ce fleuve précipité et roulant sous les monts et les villes, se refusant à arroser une écorce terrestre si aride pourtant, ce mystère inexploré laisse inquiet et épouvanté. Triste Carso si désolé, champ de pierres nues, avec la dérision des dolines large ouvertes pour abriter tout juste vingt pieds de pommes de terre ou une gerbe de blé, triste Carso que ne donnerais-tu pas pour contempler le Timavo au grand soleil ! Le Timavo hait les hommes, il les fuit dans les abîmes. Pourquoi n'en a-t-on pas tiré un mythe parallèle au mythe de Vulcain, Timavo et Vulcain, l'eau et le feu réconciliés ? Tous deux ont aimé une fallacieuse et volage fille, et tous deux s'en prennent aux mortels de leur accident. Timavo va chaque jour retrouver le noir forgeron dans ses cavernes, et ces deux grands trompés échangent leur rancœur et leurs rancunes ; ils s'entendent pour la distribution des calamités. Timavo refuse la rosée aux humains, et Vulcain crache sur eux les laves desséchantes du Vésuve et de l'Etna. Ils ont conjugué leurs efforts pour que personne ne puisse se dire heureux puisqu'ils ont dû renoncer au bonheur. Et le bruit qu'ils font les empêchera à jamais d'entendre la divine parole : paix sur la terre aux hommes de bonne volonté !

TABLE DES MATIÈRES